LACTANCIA MATERNA

*Todo lo que necesitas saber
sobre la alimentación más sana y natural
del bebé*

JANE BRITTEN, JANE MOODY, KAREN HOGG

Lactancia materna
Título original: Breastfeeding Your Baby
Autoras: Jane Moody, Jane Britten y Karen Hogg
Traducción: Pedro González
Diseño de cubierta: Josep Solà
Fotografía de cubierta: AGE Fotostock
Ilustraciones: Mike Edwards, Pete Welford y Jo Dennis
Compaginación: Mercedes Rosell

© del texto: 1996, Jane Moody, Jane Britten y Karen Hogg
© de la versión inglesa: 1996, NTC Publishing
© de la versión española, noviembre 1998, RBA Ediciones de Librerías, S.A.

Ref.: LC-19 / *ISBN:* 84-7901-393-1
Dep. Legal: B-47.784-98
Impreso por: Liberdúplex, S.L. (Barcelona)

Índice

Las autoras

Jane Britten ha mostrado un enorme interés por la lactancia materna, desde el nacimiento de su primer hijo en 1985. Es consejera de lactancia natural y trabaja como redactora en la revista *New Generation* de la NCT. En la actualidad coordina un curso sobre lactancia en Glasgow, donde vive.

Jane Moody está vinculada a la NCT desde 1981. Es consejera de lactancia, trabaja como profesora en la Fundación y dirige la redacción de la revista *New Generation Digest*. También realiza otros trabajos de redacción y, ocasionalmente, de periodismo.

Karen Hogg está vinculada a la NCT desde 1979. Es consejera de lactancia, profesora en la Fundación, y trabaja como conferenciante y consejera profesional.

La *National Childbirth Trust* (NCT) (Fundación Nacional de la Maternidad) es una organización privada de Gran Bretaña que proporciona información y apoyo durante el embarazo, el parto y los inicios de la maternidad. Su objetivo es ofrecer a todas las madres la oportunidad de hacer una elección debidamente informada.

Nota del editor

A lo largo de este libro se hacen numerosas alusiones al sistema sanitario de Gran Bretaña y a las formas de funcionamiento concreto del mismo. En la presente traducción se han mantenido la mayor parte de ellas, incluidas profesiones tales como «consejera de lactancia» o «comadrona de la comunidad», que si bien no existen por el momento en España pueden servir para entender hacia dónde debería encaminarse la lactancia materna en los países desarrollados. Al final del libro, en la página 221, se encuentra una lista de las distintas asociaciones o grupos que trabajan en España en esta misma dirección y que pueden ayudar a proporcionar o complementar la información necesaria en cada caso, según las características del sistema sanitario en cada comunidad autónoma.

Agradecimientos

Lo primero y más importante es dar las gracias a todas las madres que escribieron sobre sus experiencias personales durante la lactancia; por el valor mostrado al contarnos su historia, aun cuando a veces les fuera doloroso revivirla, y por su amabilidad al compartir el placer de la lactancia con otras mujeres. Este libro no existiría sin ellas.

También estamos en deuda con nuestras familias, que nos animaron a proseguir este proyecto. Y en concreto con nuestros maridos, que nos ayudaron cuando el ordenador se negaba a cooperar, y nos escucharon cuando lo necesitábamos.

Gracias a Sally Inch que nos permitió al principio utilizar su mesa; a Ruth Dumbreck que comprobó nuestra información en la Baby Friendly Hospital Initiative; a Patricia Donnithorne, responsable de información de la NCT, por su rápida y eficaz respuesta a nuestras peticiones de bibliografía y fotocopias; a Sheila Perkins por su positivo apoyo; a Rayanne O'Neill y Connie por «Los primeros catorce días», y a Rona McCandish y Mary Smale por su lectura diligente del borrador.

Este libro está dedicado a Stuart y Robbie Coleman; a Adrienne Mathew, a Victoria y Philippa Hogg; y a Ruth y a Thomas Moody, que despertaron nuestro interés por la lactancia materna.

Junio 1995

Introducción

«Dar el pecho a mi hijo ha sido uno de mis mayores logros, así como la experiencia más satisfactoria de mi vida.»

Estaba previsto que el presente texto viera la luz en forma de folleto; pero el volumen de información y de testimonios personales creció tanto que resultaba imposible recogerlo en pequeño formato. Dicho folleto iba a llamarse *Women's Experiences of Breastfeeding* (Experiencias de las mujeres sobre la lactancia), y este libro ha retomado el tema y lo ha ampliado. Casi doscientas mujeres han contribuido, con sus experiencias personales durante la lactancia, a la realización de este libro. Hemos contraído con ellas una deuda de gratitud inmensa por su franqueza, sus respuestas detalladas y el entusiasmo que han mostrado por transmitirnos su sabiduría. Las «fichas de lactancia» proporcionan información para ayudarte en los aspectos prácticos, mientras que las «reseñas informativas» describen los hechos y datos de mayor interés.

Esperamos que las experiencias de estas mujeres proporcionen una imagen real del mundo de la lactancia materna en los años 90. No prometemos que todo vaya a ser fácil al leer estas páginas; pero si estás a punto de ser madre o ya das el pecho a tu hijo, esperamos que encuentres aquí algún testimonio con el que coincidan tus ideas y emociones. Aunque no pretendemos decirte «cómo dar el pecho» a tu hijo, esperamos que halles una buena parte de la información necesaria para ello en estas páginas. Esperamos también haber incluido sugerencias e informaciones que te ayuden a desarrollar tu iniciativa.

Ésta es una época propicia para la lactancia materna. En Gran Bretaña, numerosos hospitales han aceptado el reto de obtener el distintivo de *Baby Friendly* (Amigo de los bebés), y muchos más comienzan a darse cuenta de que, hasta ahora, ha existido una disparidad entre la afirmación de que la lactancia materna es la mejor –para la madre y para el bebé– y la aportación de ayuda práctica y de calidad. Se han dado cuenta de que las madres quieren amamantar a sus hijos y de que muchas veces cuentan con conocimientos muy detallados sobre cómo hacerlo; sin embargo, a menudo, eso no es suficiente para triunfar en su intento y hay que ayudarlas.

Este libro se basa en los recuerdos y opiniones de muchas madres durante la lactancia, así como en las experiencias de madres primerizas –en el hospital y en casa–, que pueden contribuir a darte confianza como madre lactante. También tratamos la introducción de otros alimentos para el bebé y exponemos algunas opiniones sobre la duración de la lactancia. Te informamos sobre la posibilidad de tener otro hijo, y de que forma conseguir dar el pecho a un bebé mientras cuidas del otro, o cómo podría resultar la experiencia en el caso de que esperes gemelos. Tratamos con cierto detalle los distintos problemas y dificultades con que puedes encontrarte, y te ofrecemos información y sugerencias valiosas para hacerles frente y superarlos, sin renunciar a dar el pecho. Estudiamos también algunos casos especiales que pueden afectar a la madre y al bebé. Abordamos diversas consideraciones sobre la reincorporación al trabajo y la continuación de la lactancia; y, finalmente, tratamos los aspectos relacionados con el final de la lactancia.

Capítulo 1

Antes de empezar

La lactancia es un tema de por sí emotivo, y resulta difícil no sentir nada al oír esta palabra. Comporta una poderosa respuesta emocional, tanto de la madre embarazada que se plantea dar el pecho a su hijo, como por parte de la familia, las comadronas y médicos que cuidan de ella, ya que unos y otros cuentan con experiencias personales que colorean sus respuestas y con puntos de vista igualmente definidos.

Nuestro comportamiento está condicionado por la cultura; en la sociedad occidental, los pechos se asocian con el sexo y no con la lactancia. Esta confusión de su verdadero papel provoca ansiedad e incertidumbre en algunas mujeres y un rechazo categórico en otras. Antes de quedar embarazadas, la mayoría de las mujeres ya han decidido amamantar o no a su hijo, aun cuando no hayan pensado en ello de manera consciente.

REFLEXIONES INICIALES

La lactancia materna es un arte casi olvidado. En la actualidad, muchas de nosotras sólo recuerdan haber visto bebés tomando el biberón. Dicha imagen aparece en todas partes: en la televisión, en las revistas... incluso las muñecas suelen venderse con un biberón lleno de «leche» que desaparece al volcarlo. Resulta difícil evadirse de la cultura del biberón, hasta el punto de que la lactancia al pecho se ha convertido en algo de lo que se habla en ocasiones, pero muy pocas veces se ve. Los recuerdos que quedan de la infancia son escasos aunque sean vívidos, como explica Clare: *«Mi experiencia de la lactancia materna fue muy limitada hasta que llegué a la edad de tener hijos. La mayoría de las mujeres con las que hablaba habían intentado dar el pecho, pero no habían tenido éxito debido al "dolor", a la "falta de leche" o a que "la leche no era suficiente". Mi madre había* intentado amamantarme, pero como yo nací en la década de los sesenta la comadrona la desanimó diciéndole: "las mujeres modernas ya no tienen que soportar esa carga". Pero mi abuela dio el pecho a sus tres hijos, durante la Segunda Guerra Mundial, y predijo que las mujeres volverían a descubrir sus múltiples beneficios.»

Patricia se atuvo a las primeras impresiones sobre la experiencia de amamantar a un bebé: «Recuerdo haber oído conversaciones sobre los biberones, y lo cómodos, "civilizados" y sencillos que eran, pero siempre pensé en darles el pecho a mis hijos. No quería compartir esa tarea con nadie; supongo que mi imagen de lo que representaba tener un niño era muy idealista y se reducía a sentarse todo el día con el bebé en brazos.»

El primer recuerdo consciente de Ellen sobre la lactancia se remonta a la edad de 12 años: «Sally era una amiga de la familia que estaba criando al pecho a su hija, y recuerdo que eso era tema de conversación. Las opiniones eran dispares; algunos estaban encantados de ver a una madre joven amamantando con éxito a su hija, y otros probablemente pensaban que era algo un tanto extraño y excéntrico en un área rural y conservadora de Australia. ¡Qué raras resultan a veces las actitudes de la gente! La lactancia natural se consideraba insólita, y la artificial, normal. Debido a que pasé bastante tiempo ayudándola como canguro y que mi hermana menor también es una madre lactante con éxito y una defensora de la lactancia natural, Sally merece las gracias por darnos tan buen ejemplo.»

Cuando una mujer ha visto a una madre amamantando a su hijo, la imagen suele grabársele en la memoria y llega a influir en sus sentimientos a la hora de dar el pecho.

El recuerdo más antiguo que Felicity tiene de una madre amamantando a su hijo es particularmente plácido. Cuando tenía trece años fue a una excursión campestre con un grupo de jóvenes de la localidad: «Una de las guías había tenido un bebé hacía poco y, cuando paramos a descansar, ella se sentó a la sombra de un árbol cercano, un tanto apartada del bullicio de los adolescentes, y dio tranquilamente el pecho a su hijo. Era una hermosa escena bajo el sol que se filtraba entre las hojas; yo estaba totalmente fascinada con la madre y el niño, en paz a pesar del ruido y la excitación que les rodeaba. Aunque no recuerdo haber pensado en aquel momento que "cuando tuviera hijos les daría el pecho", debió de ejercer una influencia positiva sobre mí, ya que lo evoco con claridad casi veinte años después.»

Las madres suelen ser muy influenciables al adoptar una actitud sobre la lactancia. Si una mujer ha sido amamantada de pequeña, es más probable que dé el pecho a sus hijos; como afirma Jennifer: *«Antes de tener a Richard, no albergaba ninguna duda sobre la lactancia materna. Era lo que debía hacer, y nunca consideré que el biberón fuera una opción. Es probable que ello se deba a una conversación que había tenido con mi madre. Ni siquiera me acuerdo cómo surgió, pero me decía que los tres hermanos habíamos sido criados al pecho y que estaba muy orgullosa de ello, porque muchas madres daban el biberón a sus hijos y por esa razón había tantos críos gordos. No sé si tenía pruebas de esta última afirmación, pero me dejó un recuerdo duradero de que la leche materna era lo adecuado.»*

Elaine recuerda a su madre dando el pecho a su hermano pequeño: *«Yo tenía unos tres años por aquel entonces; amamantó a Mark durante un año más o menos. También recuerdo a una amiga danesa de mi madre que daba el pecho a su hijo cuando yo tenía siete años. Sentía curiosidad y me encontraba a gusto sentándome con ellas. Dar el pecho me parecía lo más normal. Cuando cumplí los diez años mi madre tuvo a mi hermana Amy y la amamantó durante dieciocho meses. ¡Yo solía ir a buscarla para llevármela, entonces!»*

En el caso de Jane, comadrona de oficio, los recuerdos sobre la lactancia en su trabajo son muy arraigados. Las prácticas que describe son típicas de la década de los años setenta, aunque en la actualidad no es raro encontrar «huellas» de ese estricto régimen en algunos hospitales: *«Trabajé en dos salas donde la norma eran las tomas programadas: cada cuatro horas y de dos a tres minutos en cada pecho, con un incremento diario; y nada de dar el pecho durante las primeras seis horas, excepto dextrosa. No me daba cuenta de lo raro que era aquello, pero no recuerdo que me importara que los niños lloraran, aunque hubiera muchas otras cosas que me horrorizaran. Por las noches, los niños dormían en una sala aparte y se les daba leche evaporada; aunque las madres explícitamente no lo quisieran, se les administraba igualmente y no se les decía nada. Solíamos llamarla "dextrosa blanca".*

Lo que más recuerdo de los bebés es lo dormilones y "buenos" que eran. Los despertábamos cuatro horas después de la última toma, les cambiábamos el pañal y les dábamos el biberón (la mayoría de ellos se criaban con biberón). Si no tragaban con suficiente rapidez, se agrandaba el agujero de la tetina. La toma debía concluir en veinte minutos; cambiar los pañales costaba diez minutos y, luego, se devolvía a los bebés a la sala para que durmieran hasta la toma siguiente. Parecía todo tan ordenado y sencillo… ¡Qué diferencia cuando nació Katy!

Poco antes de nacer Katy, me recomendaron que leyera Breast is best (El pecho es lo mejor) de P. & A. Stanway. En aquel entonces, el libro me pareció revolucionario. Era tan positivo y alentador que la lactancia natural se convirtió en algo mucho más complejo e interesante. La idea de una alimentación según la demanda del niño, la comunicación entre madre e hijo o el simple hecho de que el hijo pudiera y se le permitiera establecer el ritmo de las tomas eran completamente nuevos. En contraste con algunos hospitales, donde los bebés se trataban como si fueran el "enemigo" al que había que someter a una serie de reglas, era maravilloso animar y permitir las necesidades del niño, tal y como sugería Stanway.»

LA DECISIÓN DE CRIAR UN HIJO AL PECHO

Las mujeres dan muchas razones sobre la decisión de dar el pecho. La más corriente es que la lactancia natural es la mejor para el bebé, la más cómoda y la que mejor permite estrechar los vínculos entre madre e hijo.

Emer estaba decidida a dar el pecho a su primer hijo: *«Con una historia clínica de asma y eccemas, y habiendo leído sobre el tema, sabía que mi hijo tendría más posibilidades de no heredar tales problemas si se criaba al pecho.»*

Amy cuenta que tomó la decisión de amamantar a su hijo, en parte, por curiosidad: *«Mi hermano y yo habíamos sido criados con biberón. Y, cuando mi tía tuvo su primer hijo mediante cesárea, el niño enfermó de asma y no pudo darle el pecho. Ella lo hubiese querido así, porque se iban a vivir a Bengasi y lo más barato y*

seguro en aquella situación era amamantarlo. Por tanto, yo sólo había visto a mujeres dando el biberón, aunque seguía considerando la lactancia materna como la mejor opción. Así que, al llegar la hora de tener a Timothy y preguntarme cómo iba a criarlo, escogí la lactancia natural sin necesidad de buscar información o ayuda sobre el tema. Creía que sólo era cuestión de decidirse.»

Sin embargo, las razones que determinan la decisión de una mujer de criar al pecho a sus hijos son mucho más variadas. Algunas mujeres se sienten preocupadas y faltas de

RESEÑA INFORMATIVA

Estadísticas

En 1990, se realizó una encuesta sobre alimentación de recién nacidos en el Reino Unido. Se preguntó a las madres la forma que habían escogido de alimentar a sus hijos y se les pidió que expusieran sus razones. Éstas fueron sus respuestas:

Lactancia al pecho

- La lactancia al pecho es lo mejor para el bebé. Ésta razón la dio el 82 % de las madres.
- La lactancia al pecho es más cómoda; no hay que preparar ni esterilizar el biberón. Al 36 % de las madres le pareció importante.
- El 23 % de las madres creía que la relación entre madre e hijo mejoraba cuando el bebé se criaba al pecho.
- Entre las madres que habían amamantado a un hijo, el 29 % consideraba que la experiencia previa era una razón para repetir la experiencia de la lactancia materna.
- El 14 % de las madres considera importante el hecho de que la lactancia materna sea natural.
- El 8 % respondió que la lactancia al pecho también es lo mejor para la madre.

- Otras razones expuestas por un número reducido de mujeres incluyen la influencia de los profesionales sanitarios, amigos y parientes.
- Cuando una mujer ha sido criada al pecho, hay más probabilidades de que quiera amamantar a su hijo. El 75 % de las mujeres criadas al pecho optó por amamantar a sus hijos; el 70 % de las mujeres que se criaron al pecho y con biberón también eligieron la lactancia materna, al igual que el 48 % de las que habían sido criadas con biberón.
- El que las amigas de la madre hayan dado el pecho a sus hijos también influye. El 84 % de las mujeres cuyas amigas amamantaban a sus hijos, pensaba hacer lo mismo.

Lactancia con biberón

- Otra persona puede alimentar al bebé. Ésta fue la razón más importante que adujo el 39 % de las mujeres para elegir el biberón.
- Entre las mujeres que habían sido criadas con biberón, el 39 % optó por hacer lo mismo.
- Al 21 % de las madres no les gustaba la idea de dar el pecho a sus hijos, y un 7 % consideraba que era demasiado engorroso.
- Ver cuánto come el bebé fue la razón por la cual el 6 % de las madres eligió el biberón.
- El 3 % adujo razones médicas para elegir el biberón.
- La vuelta al trabajo poco después del parto fue

la razón de un 5 % de las madres para optar por el biberón.
- Entre otras razones dadas por un número reducido de mujeres, el 1 % explicó que había sido persuadido por otras personas para elegir el biberón.
- Cuando la mayoría de las amigas de la madre cría a sus hijos con biberón, el 54 % de las madres también elige este método.
- Hay más probabilidades de que las madres criadas con biberón hagan lo mismo con sus hijos: el 52 % de las madres criadas así pensaba alimentarlos de la misma forma.

RESEÑA INFORMATIVA

¿Qué tiene de especial la leche materna?

La leche materna es un líquido vivo. Se produce expresamente para el bebé, razón por la cual es el mejor alimento que existe para él. Ningún producto manufacturado podrá jamás parecérsele.

No es posible enumerar todos los ingredientes de la leche materna. Cada nueva investigación sobre este líquido sorprendente descubre algún otro componente vital que los bebés necesitan para desarrollarse y crecer.

El calostro

El calostro es doblemente especial. Es rico en proteínas, inmunoglobulinas, vitaminas, agentes antiinfecciosos como la lactoferrina y la lisocima, células vivas y minerales. El calostro proporciona protección al recién nacido hasta que su propio sistema inmunológico comienza a funcionar; asegura que el sistema digestivo desarrolle su proceso correctamente, y contiene todos los nutrientes necesarios.

Los nutrientes básicos de la leche materna

• Proteínas:

Las proteínas son necesarias para el crecimiento. Aunque se alimentan con frecuencia, los bebés crecen lentamente, por lo que sólo una pequeña proporción de la leche humana contiene proteínas: en torno al 1 %. Las proteínas se metabolizan en sustancias caseosas (caseína) y suero. Mientras que la mayor parte de la leche materna es suero, la leche de vaca contiene mucha más caseína. La leche materna no contiene lactoglobulina, una de las proteínas de la leche de vaca, que también está presente en la leche artificial para niños y que a veces provoca reacciones alérgicas.

• Hidratos de carbono:

Casi todos los hidratos de carbono de la leche materna son lactosa. Es importante para el crecimiento del cerebro, el cual es grande y crece rápidamente.

• Grasas:

Las grasas son necesarias porque aportan energía (calorías). La grasa contenida en la leche materna se digiere con gran facilidad y sin desperdiciar prácticamente nada. Los ácidos grasos esenciales de cadena larga, que contiene la leche materna, son importantes para el crecimiento y el desarrollo del cerebro de los bebés. Estos ácidos grasos no están presentes en la leche de vaca o en las fórmulas artificiales. Los fabricantes de estos productos contemplan la posibilidad de incluir alguna de estas grasas en su fórmula, pero, hasta el momento, sólo hay un producto a la venta que incluya alguno de estos ácidos grasos esenciales de cadena larga.

• Agua:

La leche materna contiene toda el agua que necesita un bebé. Incluso cuando hace mucho calor o tiene fiebre, el bebé criado al pecho no necesita agua.

• Vitaminas:

Casi todas las mujeres aportan con la leche materna todas las vitaminas que el bebé necesita. Una mujer tendría que tener una deficiencia muy acusada de una vitamina para que su nivel de contenido en la leche materna fuera insuficiente.

• Minerales:

Aunque el contenido en hierro de la leche materna es bajo, su facilidad de absorción es veinte veces superior a la del hierro contenido en las fórmulas. También contiene otros minerales, en un equilibrio ideal para el bebé.

Añadidos extra

Aquí es donde la leche materna supera cualquier fórmula para lactantes. La leche materna contiene muchos elementos cuya naturaleza no es nutritiva, pero protegen y alimentan al bebé durante los primeros meses de vida: inmunoglobulinas, que protegen al bebé hasta que desarrolla su sistema inmunológico; células vivas, como los leucocitos, que evitan las infecciones; hormonas y enzimas.

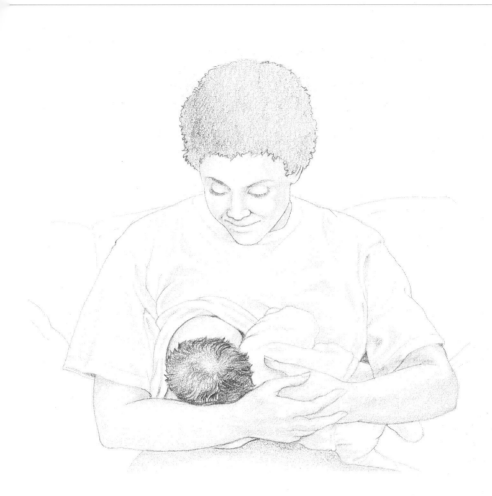

confianza; desazón que aumenta si otras madres o amigas han fracasado en su intento de dar el pecho. Otras mujeres se muestran optimistas y confiadas, con la seguridad que les proporcionan sus maridos o compañeros, o amigas con experiencias positivas. Se puede afrontar la lactancia «decidida a tener éxito» o bien con la idea de «intentarlo a ver qué pasa». Como descubrió Liz, la familia ejerce una gran influencia: *«Antes de que naciera mi hijo, traté de no tener ideas preconcebidas sobre lo que haría después del parto, aunque tenía muchas ganas de dar el pecho a mi hijo. Estaba algo preocupada porque mi madre no había tenido mucho éxito con la lactancia de mis hermanos ni con la mía, pero me animó mi hermana, que había amamantado a su hijo y luego a su hija, que nació sólo seis semanas antes que el mío.»*

En el departamento de puericultura donde Ruth hacía prácticas de enfermería, se favorecía mucho la lactancia materna; sin embargo, su actitud cambió ligeramente tras pasar dos semanas en una sala de maternidad: *«Por vez primera fui consciente de los problemas que las mujeres afrontan cuando dan el pecho. La gran mayoría amamantaba a sus hijos y, a pesar de que hubiera visos de un posible fracaso, mi actitud era la de "seguir intentándolo", aunque supiera que iban a surgir problemas.*

Tras obtener el título trabajé como niñera. Esterilizar y preparar los biberones era una tarea tediosa. Los horarios de alimentación de los niños eran muy variados y a veces llegaba a estar una hora con un biberón. Estas experiencias confirmaron mi inclinación a la lactancia materna. Estaba segura de que el biberón no era más fácil ni más cómodo que dar el pecho.»

La actitud de la pareja puede ser muy importante: es duro para una mujer dar el pecho, si su pareja no la apoya y anima. En un estudio, realizado en Estados

Unidos, se halló que, cuando la aprobación del padre a la lactancia materna era firme, el número de casos de lactancia al pecho era alto (un 98,1 %), en comparación con sólo un 26,9 % en los casos en que el padre mostraba indiferencia por la forma de alimentar a su hijo. Tanto Lois como su pareja provenían de ambientes proclives a la lactancia natural. Él había sido amamantado, lo mismo que sus hermanos, y la madre de ella había dado el pecho a sus cuatro hijos: «*Poco después de saber que estaba embarazada, mi marido y yo hablamos sobre la alimentación del bebé y me animó oírle decir que estaba a favor de que le diera el pecho. Saber que podía contar con su apoyo sincero fue un estímulo inicial a mi deseo de amamantarlo. Creo que no me habría mostrado tan animada si él se hubiera mostrado indiferente.*»

Aunque muchas mujeres tienen decidida ya la forma de alimentar a sus hijos antes de quedar embarazadas, los profesionales sanitarios que tienen relación con ellas durante el embarazo ejercen, en ocasiones, una profunda influencia en la forma de afrontar el tema de la lactancia materna. La experiencia de Laura fue particularmente preocupante: «*En un reconocimiento inicial, antes del momento del parto, entró un hombre con bata blanca en la consulta donde la comadrona me estaba tomando la tensión. No se presentó, pero supongo que era el médico consultor. Echó un vistazo a mi historial médico y me preguntó si tenía intención de dar el pecho. Me apretujó un pezón con fuerza, hizo una mueca, garabateó algo en el historial y salió. Le pedí una explicación a la comadrona, quien me dijo que probablemente él pensaba que no sería capaz de dar el pecho porque tenía los pezones muy planos. Cuando vio mi expresión de horror me sugirió que comenzara a separar los pezones y a hacerlos rodar entre los dedos mientras me daba un baño. No podía creer lo que estaba oyendo; me deprimí ante la posibilidad de no poder dar el pecho, hasta que pude hablar del tema con mi comadrona. Tras examinarme, me dijo que no creía que hubiese problema para un bebé hambriento.*»

APRENDIZAJE DE LA LACTANCIA AL PECHO

Una manera de aumentar la confianza, antes del nacimiento del bebé, es aprender sobre la lactancia al pecho tanto a nivel teórico como práctico. Las clases prenatales incluyen generalmente una sesión dedicada exclusivamente a la lactancia materna; también los cursos que imparten los hospitales suelen incluir una sesión, aunque a menudo ésta abarque tanto la lactancia al pecho como la lactancia con biberón. Si bien es una práctica corriente, enseñar a las futuras madres a preparar leche artificial contraviene el código sobre la fabricación de sustitutos de la leche materna de la Organización Mundial de la Salud.

Colette asistió a las clases de la National Childbirth Trust (NCT), que incluían una sesión con la consejera de lactancia materna: «*No supe en aquel momento si había aprendido mucho o poco sobre técnicas de lactancia, sencillamente porque no creo que pueda aprenderse mucho hasta que empieza a hacerlo una misma, pero me infundió mucha confianza. Me hizo sentir que la lactancia al pecho era algo fácil y natural, mientras que cuanto había oído con anterioridad había sido negativo: historias horribles que contaban las amigas.*»

Libby se retrataba como la típica novata: «*Estaba muy preocupada por "hacerlo lo mejor posible". Pretendía dar el pecho a mi hijo y no pensaba que hubiera ningún impedimento. Creía que todo consistía en optar entre dar el pecho o el biberón. En el hospital fueron muchas las enfermeras que intentaron que Neil tomara el pecho, pero sin* 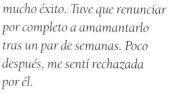 *mucho éxito. Tuve que renunciar por completo a amamantarlo tras un par de semanas. Poco después, me sentí rechazada por él.*

Cuando supe que estaba embarazada de Julia, decidí que no intentaría darle el pecho. Pero, cuando el momento se fue acercando, pensé que debía intentarlo, aunque seguía diciendo a médicos y comadronas que pensaba darle el biberón. Quería tomar la decisión a solas y que nadie me presionara, así que me dediqué a leer libros sobre lactancia materna y me sentí más tranquila al respecto. Después de un parto maravilloso, me dieron a Julia, me la llevé al pecho y comenzó a mamar de inmediato. Me alegré muchísimo y lo mismo pareció pasarle a ella, pues no paraba de mamar.»

Rebecca encontró que las clases eran útiles, aunque sólo

fuera para entender mejor cómo se alimentan los bebés: «*La verdad es que no escuché mucho durante la sesión sobre "Cómo preparar un biberón". Iba a dar el pecho a mi hijo, entonces, ¿para qué necesitaba saber cómo esterilizar y preparar biberones? Pensaba que las madres que actuaban así lo hacían porque no querían dar el pecho; no podía comprender que alguien no quisiera lo mejor para su hijo. Aunque parezca raro, no se me había ocurrido que yo no fuera capaz de dar el pecho hasta que tuve una entrevista con un consejero de la NCT. Éste mencionó que, a veces y a pesar de las mejores intenciones, la lactancia materna no funciona en algunos casos, tanto por lo que se refiere a la madre como al bebé. Éste fue el primer atisbo que tuve de que podía ser posible que fuera incapaz de dar el pecho a mi hijo.*»

Algunas mujeres, como Fiona, que trataron de informarse sobre la lactancia materna antes del parto, sintieron que la información era inapropiada o descorazonadora: «*En la actualidad doy el pecho a mi segundo hijo, que tiene ahora cinco meses, y estoy convencida de la falta de asesoramiento prenatal. Tras seguir las clases y leer sobre ello, me sentí muy preparada para el parto, pero desconocía absolutamente el tema de la lactancia. La mayoría de los libros estaban ilustrados con fotografías desenfocadas de madres e hijos desnudos ocupados en el acto de lactar. Aunque se presentaban algunos problemas, como los pezones agrietados o el aporte insuficiente de leche, nunca se describía la angustia y el dolor asociados con ellos.*»

Otras madres, como Emma, suelen estar demasiado preocupadas por el parto como para pensar en lo que vendrá después: «*Aunque había asistido a las clases prenatales, cuando llegó el momento de dar el pecho no recordaba nada de lo que me habían enseñado. El único recuerdo era el de una mujer dando la clase de lactancia con una muñeca en los brazos. No sé si fue por falta de concentración o por la incapacidad de aquella mujer para mantener mi atención, el caso es que me quedé igual que antes; seguramente, por ambas causas. Me costaba pensar más allá del parto. Quería ver al bebé a toda costa y asegurarme de que estuviera bien. Me parecía tentar un poco la suerte pasar el tiempo pensando en cómo vivir con un bebé sano y normal hasta que no tuviera uno. Por tanto, reuní libros y folletos sobre lactancia y me los llevé al hospital para después del parto.*»

Según Moira, la información fue la clave del éxito: «*Estaba ansiosa por reunir tanta información como fuera posible sobre la iniciación y continuación de la lactancia, antes de que naciera el bebé, creyendo que de esta manera aumentarían las posibilidades de darle el pecho con éxito. Asistí a dos cursos prenatales, ambos muy valiosos porque me brindaron la oportunidad de hacer preguntas sobre algunos aspectos de la lactancia materna de los que no estaba segura. Aunque hubo alguna materia que se repitió en los dos cursos, me pareció útil escuchar las mismas cosas por personas con puntos de vista sutilmente diferentes, porque ayudaba a reforzar temas que no tenía del todo claros. De igual forma, asistir a dos clases distintas me puso en contacto con dos grupos de madres encintas, lo cual me fue útil durante los meses siguientes.*

Una de las ventajas de estas clases fueron las lecturas de que disponíamos, sobre todo los folletos de la NCT sobre lactancia materna y los impresos que repartía la consejera de lactancia, donde aparecían las mejores posturas para amamantar al bebé.»

¿PARA LA MADRE O PARA EL BEBÉ?

Una mujer puede pensar en dar el pecho porque siente que es su deber, sin esperar disfrutar con la experiencia; o puede estar deseándolo con todas sus fuerzas, como Zoë, tanto para el bebé como para ella: «*Deseaba enormemente dar el pecho y había aprendido todo lo posible de los libros, de las comadronas y los miembros de la National Childbirth Trust y del Active Birth Group (Grupo Activo en favor de la Natalidad). He deseado dar el pecho desde los diez años, cuando vi a mi prima amamantando a su bebé.*»

Gail dio más prioridad al bebé que a sus emociones: «*Para ser sincera, no deseaba darle el pecho al niño, pero como ex enfermera pediátrica sabía que era mejor para él y también lo más barato, lo cual era importante, pues tenía pensado dejar el trabajo y no iba a sobrarme el dinero.»*

Al hablar con otras mujeres, Ángela se dio cuenta de que para algunas la motivación principal era la salud del niño y no su propia satisfacción; de esta forma, se continúa la lactancia materna aunque no guste: *«No era éste mi caso; el hecho de saber que era lo mejor fue un estímulo añadido para hacer lo que realmente deseaba.»*

Las mujeres que no están seguras de dar el pecho o bien el biberón a veces tienen problemas para exteriorizar sus sentimientos: bien porque la presión a que se ven sometidas les obliga a dar el pecho, bien porque no están acostumbradas a seguir su propio impulso.

Elaine notó que la presión para dar el pecho era abrumadora: *«Me sentía obligada a amamantar a mi hijo. Había conocido a varias madres que afirmaban en público que no podían dar el pecho y que en privado decían que no querían, y, sin embargo, incluso ellas no estaban dispuestas a admitirlo.»*

En ocasiones, los programas para animar a las madres a que den el pecho se convierten en un foco de presión, como descubrió Terri: *«Si lo había hecho tu madre, en el hospital te dejaban claro que debías hacerlo igual. Recuerdo que cuando llevaba 39 semanas de embarazo le dije a mi médico de cabecera que no quería amamantarlo. Su consejo fue sencillo: la leche materna era para los bebés, la leche de vaca, para los terneros. Nunca he llegado a perdonárselo del todo. Es una lástima que nadie hiciera el esfuerzo de escucharme o entender lo que sentía en aquel momento.»*

RESEÑA INFORMATIVA

Cambios físicos que experimentan los pechos

La estructura básica de los pechos se desarrolla durante la pubertad. Durante el embarazo, los conductos (vasos por donde fluye la leche) y las células productoras de la leche (galactógenas) crecen y se multiplican. Aumenta el aporte sanguíneo a los pechos y, en torno a los cinco meses de embarazo, se empieza a producir la leche. Al comienzo del embarazo, es posible sentir cambios en los pechos. Éstos se vuelven muy sensibles y dolorosos al tacto cuando el desarrollo se produce con rapidez.

Pechos y pezones de todas las formas y tamaños

Los pechos y los pezones experimentan modificaciones durante el embarazo. Por lo general, aumentan de tamaño y el área que rodea el pezón, la areola, se oscurece. El tamaño de los pechos no es importante para la lactancia o, dicho de otro modo, una mujer con pechos pequeños es tan capaz de producir leche suficiente para su hijo como una mujer con pechos grandes. La forma de los pezones tampoco tiene importancia. Es poco probable que el bebé llegue a mamar de otros pechos, por lo que los de su madre le parecerán perfectos.

Durante el embarazo o poco después del parto, la mayoría de los pezones tienden a sobresalir ligeramente de las mamas. Al mamar, los bebés introducen un amplio «bocado» del pecho en la boca y, mientras succionan, el pezón se pronuncia aún más. Algunos pezones despuntan orgullosos del resto del tejido mamario, mientras que otros sobresalen muy poco; unos son casi planos y otros se vuelven hacia dentro (como si fueran cráteres). A veces, los médicos examinan los pechos y dicen que los pezones son planos o invertidos y que eso dificulta o imposibilita la lactancia. Quizá te digan que tienes que «preparar» los pezones para la lactancia. Los tratamientos que se sugieren suelen incluir ejercicios para estirar los pezones, o llevar discos absorbentes o un formador de pezones (ambos aparatos comercializados y, según la publicidad, capaces de ayudar a que los pezones se pronuncien). Pero las investigaciones recientes sobre tratamientos prenatales para pezones planos o invertidos han llegado a la conclusión de que de nada sirven las sugerencias tradicionales, como llevar discos absorbentes o hacer ejercicios para los pezones. El formador de pezones no se ha probado de forma independiente, por lo que no es posible valorar su utilidad. Según la experiencia de las autoras, no se ha mostrado más útil que otros «remedios».

Los investigadores insistieron en dejar constancia de que muchas de las madres con pezones invertidos que participaron en estas pruebas dieron el pecho con éxito. El factor más importante para ello es asegurarse de que el bebé tome el pecho en una postura eficaz. Una vez que el bebé mama bien, el movimiento de succión también separa del pecho los pezones planos o invertidos. A veces permanecen erectos después de la toma o bien vuelven a su estado natural entre una toma y otra. Algunas madres descubren que los pezones quedan permanentemente erectos después de dar el pecho.

A algunas mujeres que participaron en estas pruebas incluso se las había disuadido de dar el pecho por la forma de sus pezones; es decir, el mito moderno de que no es posible dar el pecho cuando se tienen pezones invertidos es totalmente falso.

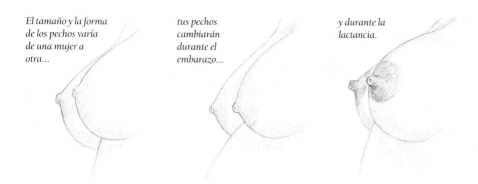

El tamaño y la forma de los pechos varía de una mujer a otra...

tus pechos cambiarán durante el embarazo...

y durante la lactancia.

Es importante que cuentes con suficientes ocasiones para hablar de tu estado de ánimo con una auxiliar sanitaria o una consejera comprensiva que escuche lo que le digas. El embarazo y la maternidad a edades tempranas son a veces una convulsión emocional, que se vuelve aún más estresante si no puedes hablar con franqueza de tus sentimientos sin que te juzguen.

RELACIONES SEXUALES DURANTE EL EMBARAZO

El embarazo conlleva cambios en los pechos, lo cual afecta inevitablemente a la vida sexual de la pareja. Durante las primeras semanas, los pezones se vuelven muy sensibles al tacto por lo que quizá no desees que te los toquen durante las caricias preliminares, o, por supuesto, también puedes preferir que aumente la estimulación. Existe cierta preocupación por la posibilidad de abortar durante los primeros meses, y quizá te aconsejen que no mantengas relaciones sexuales durante algún tiempo. A medida que avanza el embarazo, tendrás que encontrar posturas para hacer el amor que no impliquen el aplastamiento de la «barriga» o de los pechos. A veces estos cambios suponen una excitación añadida en la relación, tal y como descubrió Karen: *«Durante el embarazo, mi marido y yo disfrutamos de una vida sexual libre, sin anticonceptivos ni preocupaciones. Experimenté un aumento del deseo sexual, y a él los cambios de mi cuerpo le estimulaban y excitaban. Me dijo que le parecía la mujer más hermosa del mundo, cada vez se sentía más atraído y hacíamos el amor con mayor frecuencia. Esto fue muy alentador e hizo que me sintiera querida y deseada.»*

PREPARACIÓN PRENATAL

Aunque en ocasiones te aconsejen que «prepares» los pezones para dar el pecho, de nada sirve «prepararlos» frotándolos o dándoles friegas. Los pezones son sensibles porque deben serlo. «Fortalecerlos» no produce ningún efecto sobre el

FICHA DE LACTANCIA

Anticiparse juntos a la lactancia

- Asiste con tu pareja a la sesión prenatal sobre lactancia materna y cuéntale lo que sientes ante la perspectiva de dar el pecho. Incluye tus recuerdos, experiencias personales, sentimientos negativos y cualquier preocupación que tengas. Por ejemplo: ¿cómo se sentirá tu pareja o tú si das el pecho delante de ciertos parientes o amigos del sexo opuesto?

- Prepárate para los cambios importantes, que alterarán la vida cotidiana que habéis llevado como pareja sin niños.

- Habla con él sobre los cambios que se producirán a la hora de «llevar la casa» según las necesidades de los componentes de la nueva familia.

- Conversa con él cuanto puedas sobre los cambios que estáis experimentando, tú como mujer embarazada y él como futuro padre. Comparte tus ideas e ilusiones sobre la vida después del parto y averigua las suyas; tal vez descubras que compartes inquietudes parecidas con él y que deseas las mismas alegrías.

dolor subsiguiente, incluso lo empeora. Extraer el calostro es otra sugerencia que a veces se hace, pero es innecesaria. Por desgracia, sigue habiendo mucha gente que da este tipo de consejos a las madres:

«Por consejo del médico, traté de preparar los pezones frotándolos, primero con una toalla áspera y más tarde con un cepillo de dientes blando.»

«Intenté frotarme los pechos con una manopla de baño después de leer en un libro que debía hacerlo, pero abandoné a los dos minutos al sentir el dolor. Después de esto decidí esperar a sufrir cuando naciera el bebé.»

La naturaleza «prepara» el cuerpo para el parto y los pechos para la lactancia; todo cuanto tienes que hacer es sentarte, esperar y disfrutar de los cambios y el aumento de volumen que experimenta el cuerpo.

FICHA DE LACTANCIA

Evolución de los pechos durante el embarazo

El cuerpo se prepara para la lactancia durante el embarazo. Se desarrolla la estructura de los conductos y de las células productoras de leche; también aumenta el aporte sanguíneo a los pechos. La mayoría de los pechos aumentan de tamaño durante el embarazo como resultado de estos cambios. Algunas mujeres descubren que, a medida que aumentan de tamaño los pechos, se sienten más cómodas llevando un sujetador de crianza. Sin embargo, conviene recordar que el tamaño de los pechos no está relacionado con la capacidad de producir leche.

A medida que avanza el embarazo, los pechos comienzan a producir calostro y en ocasiones los pezones rezuman esta sustancia de color crema. Si lo deseas, puedes darte un baño caliente. Algunas madres derraman calostro en cantidad suficiente como para justificar un sujetador almohadillado. Este rezumado es absolutamente natural y no «agota» las reservas. Todos los pechos producen calostro, pero no todos rezuman esta sustancia.

En el pasado, el asesoramiento prenatal se centraba en ideas relacionadas con el «fortalecimiento» de los pezones tales como frotárselos con toallas ásperas, lo cual no es adecuado y resulta, en cambio, muy doloroso.

Antes del parto

- Infórmate sobre la lactancia materna. Es muy importante obtener información clara y precisa de una fuente fiable y fidedigna. Ten cuidado con los «mitos» y los «cuentos de viejas».
- Asiste a clases prenatales. La mayoría de cursos prenatales incluyen al menos una sesión sobre lactancia materna.
- Habla del tema con tu comadrona y otras personas implicadas en la asistencia.
- Siempre que quieras, las consejeras de lactancia estarán dispuestas a hablar contigo. Las consejeras de lactancia de la NCT están preparadas para atender las necesidades de las madres y no te van a contar sus experiencias personales sobre la lactancia.
- En todas las buenas librerías encontrarás libros sobre lactancia materna; asimismo, diversos grupos o asociaciones publican folletos informativos sobre temas relacionados con la misma. Consulta la página 221.
- Piensa de antemano dónde podrás hallar ayuda y apoyo moral cuando estés lactando. Habla de tu decisión con la familia y asegúrate de que te ayudarán; de esta forma evitarás conflictos cuando nazca el niño.

RESEÑA INFORMATIVA

¿Por qué dar el pecho?

Por lo que a la salud se refiere, la lactancia materna es incomparablemente mejor, tanto para ti como para tu bebé.

Tonifica tu cuerpo

- La lactancia ayuda a que el cuerpo se recupere con rapidez del parto. Las hormonas, que se liberan cuando tu hijo mama, provocan contracciones del útero cada vez que das el pecho. Esas mismas hormonas ayudan a tonificar los músculos.
- Cuando se da el pecho, a veces se pierde peso con mayor rapidez, porque la lactancia se nutre de las grasas almacenadas durante el embarazo. En un estudio realizado, se halló que las mujeres que lactaban durante al menos seis meses perdían una media de dos kilogramos más que las mujeres que no lo hacían durante el primer año de vida del bebé. La mayor pérdida de peso se produce durante el período de los tres a los seis primeros meses. Algunas mujeres sólo pierden peso una vez ha finalizado el período de lactancia.
- La lactancia ayuda a relajarse y tranquilizarse; una vez la leche empieza a fluir, las propias hormonas ayudan a relajarse y a disfrutar.

Gratificante y placentero

- La lactancia te acerca a tu bebé. Te hace sentir bien: cálida y cómoda, a ti y al bebé.
- Muchas mujeres sienten un placer intenso cuando sus bebés maman. Otras experimentan una sensación de orgullo al ver crecer fuerte y sano al bebé alimentándose sólo con la propia leche.
- No hay que dejar que el bebé espere a mamar. Siempre hay leche en los pechos, disponible en todo momento y al instante.

Protección natural

- La lactancia te protege de varias maneras. Los estudios demuestran que amamantar a un hijo durante tres meses proporciona protección contra el cáncer de mama antes de la menopausia (el riesgo de padecerlo se reduce a la mitad). También ayuda a prevenir el cáncer de ovario.
- La lactancia natural en exclusiva (sin otra leche que la materna) también ayuda a no volver a quedar embarazada demasiado pronto.
- Si das el pecho, tienes menos riesgo de sufrir osteoporosis. Aunque el nivel de calcio en los huesos desciende durante la lactancia, mejora la mineralización de los huesos y seis meses después del destete los niveles de calcio superan los que tendrías si no hubieras dado el pecho.
- Esta protección también se extiende a las fracturas de cadera. En un estudio se ha constatado que las mujeres que nunca han dado el pecho tienen un riesgo doble de sufrir fracturas de cadera con respecto a las mujeres que han lactado. Cuanto más tiempo das el pecho, mayor es la protección: una lactancia superior a los nueve meses con cada hijo reduce el riesgo a un cuarto del de las mujeres no lactantes.

RESEÑA INFORMATIVA

Alimento ideal para el bebé

- Tu cuerpo ha alimentado y protegido a tu hijo durante los últimos nueve meses. La lactancia materna está preparada para hacer lo mismo durante los próximos nueve meses.
- La leche materna es el mejor alimento que tendrá tu hijo: contiene todos los nutrientes que necesita para crecer y desarrollar todo su potencial. Incluso se modifica a medida que el hijo crece para adecuarse a sus nuevas necesidades. No necesita nada más durante los primeros cuatro a seis meses.

Lo mejor para el crecimiento del bebé

- Las leches de fórmula consiguen reproducir algunos de los nutrientes básicos de la leche materna, pero hay propiedades en ella que es imposible copiar.
- La leche materna está exclusivamente preparada para asegurar que el cerebro del bebé y el sistema nervioso central se desarrollen en todo su potencial.
- Los estudios han demostrado que la leche materna es importante para el desarrollo correcto de la visión de los bebés, sobre todo si son bebés prematuros.

Importante para la salud

- Puesto que la leche materna contiene anticuerpos, la lactancia es muy importante para ayudar al bebé a estar sano. Y, más importante aún, la lactancia materna protege al bebé de los microbios que causan diarrea. Los bebés criados con leche artificial son de cinco a diez veces más propensos a desarrollar gastroenteritis que los criados al pecho.
- La lactancia materna también protege de trastornos respiratorios e infecciones de pecho que causan respiración dificultosa, como la bronquitis, la bronquiolitis y la neumonía. En diversos estudios se ha descubierto que esta protección puede durar varios años una vez la lactancia ha concluido.
- Los bebés que son criados exclusivamente al pecho, es decir, sin fórmulas adicionales, muestran –al menos hasta los cuatro meses de edad– una tendencia a sufrir la mitad de infecciones de oído que los bebés que no se han criado al pecho. También muestran un 40 % menos de infecciones de oído que los que han tomado suplementos artificiales.
- Los bebés que no se crían al pecho de forma exclusiva, durante al menos dos meses, tienen un riesgo doble de desarrollar diabetes del tipo insulinodependiente.

Alergias

- La lactancia materna ayuda a proteger al bebé de alergias, como eccemas y asma. También ayuda a reducir la gravedad de estas alergias cuando el bebé las padece.
- Muchos expertos recomiendan que, si es posible, los bebés de familias con alergias sean criados al pecho sin ningún suplemento durante al menos seis meses.

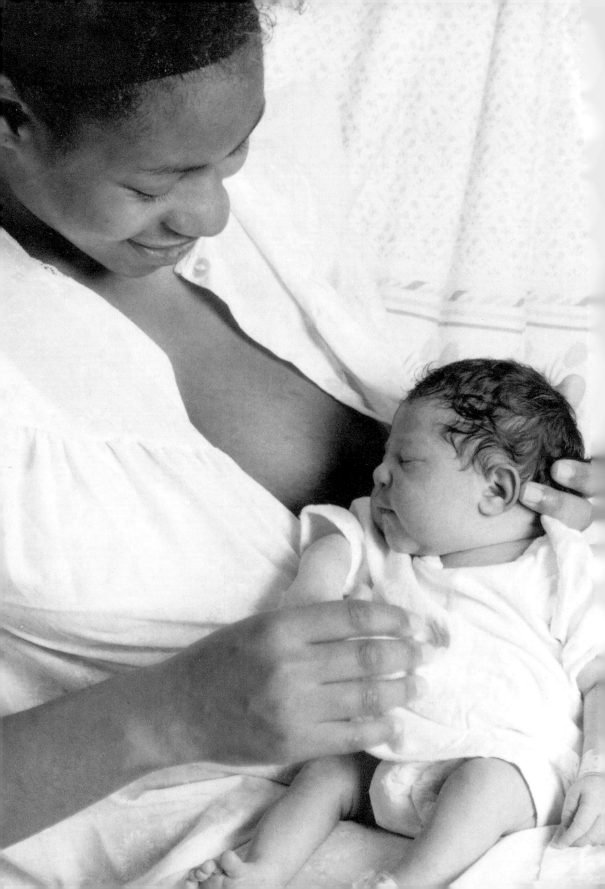

Capítulo 2

Los primeros días

LOS INICIOS

A muchas madres el comienzo de la lactancia les resulta sencillo, placentero y sin problemas. Si el bebé consigue, de forma instintiva, una buena comida, sólo tendrás que acercarle al lugar donde está para satisfacerlo. Laura, la niña de Ruth, era muy despierta y en seguida la animaron a mamar: *«Fue un comienzo muy positivo. Me sentía muy unida a la niña y también útil. La pequeña parecía saber exactamente lo que tenía que hacer. La dejamos que mamara durante unos minutos, y volví a darle el pecho después de que la sometieran a un reconocimiento médico y terminaran de darme los puntos. Era una experiencia inicial reconfortante y valiosa.»*

La primera toma puede generar sentimientos muy profundos: puede ser una experiencia sensual y satisfactoria, única para la madre, y a veces casi indescriptible:

«Me animaron a darle el pecho a los pocos minutos de nacer y, aunque sólo chupó durante unos segundos, me sorprendieron las sensaciones físicas y emocionales tan poderosas que provocaba.» La experiencia de Hilary no presentó complicaciones y el parto fue sencillo pero, incluso cuando es más complicado, estos primeros momentos pueden ser preciosos, como descubrió Lesley: *«La primera vez que me llevé al pecho a mi hijita fue pocos minutos después de que me hubieran practicado una cesárea; yo estaba tumbada y colocaron a Anne a mi derecha, me desabrocharon el camisón y observé con el aliento entrecortado a la comadrona, que me acercaba a Anne separándole los labios. Y ¡abracadabra! la niña empezó a mamar con tal rapidez y precisión que acertó a la primera.*

La sensación de felicidad y alivio al ver que todo iba a la perfección no puede expresarse con palabras; el parto había sido tan largo y complicado, con tantas intervenciones

RESEÑA INFORMATIVA

Funcionamiento de la lactancia

Existen entre 15 y 20 glándulas productoras de leche (galactógenas) en el pecho. La leche se produce en estas glándulas a partir de sustancias que absorben de la corriente sanguínea y que son almacenadas en los conductos galactóforos.

Producción de la leche

La leche se produce en los pechos tanto si se da de mamar como si no. Una vez se ha expulsado la placenta, las hormonas del embarazo dejan paso a la hormona productora de leche, la prolactina. Esta hormona desencadena el proceso por el cual los pechos producen leche, a la vez que causa un efecto calmante y relajante.

El vaciado de la leche que contienen los pechos es un factor crítico en la continuidad de su producción. Hay un elemento químico en la leche preparado para detener la producción si no se usa. Si ésta permanece en el pecho durante mucho tiempo, el inhibidor o «supresor» químico comienza a reducir la cantidad de leche producida. Los bebés necesitan alimentarse con frecuencia durante las primeras semanas, evitando así que aumenten los niveles de este supresor químico.

Una vez que el bebé comienza a mamar, se libera una hormona (oxitocina) en la corriente sanguínea que llega a los pechos, la cual contrae las células musculares en torno a las células galactógenas, obligándolas a expulsar la leche por los conductos. Esto es lo que algunas mujeres sienten como el reflejo de la subida de la leche: a menudo una sensación cálida de hormigueo. No todas las mujeres experimentan este reflejo, pero la ausencia de la sensación no significa que el reflejo no se produzca.

La leche inicial y la posterior

La leche que el bebé mama no es la misma a lo largo de toda la toma. Cuando comienza a mamar, el bebé ingiere la leche inicial. Esta leche es acuosa a la vista, baja en grasa y calorías, pero rica en azúcar y lactosa. Cuando la toma avanza, comienza a liberarse la leche posterior, rica en grasa y calorías. La grasa es viscosa y se adhiere a las paredes de las células galactógenas. Cuando el reflejo de la subida de la leche presiona las células lácteas, se libera la leche inicial. Cuando la toma avanza, se libera más grasa por los conductos. A medida que la cantidad de leche en los pechos se reduce, aumenta la liberación de grasa. Al final de la toma, el contenido en grasa es muy alto y es probable que el bebé decida que ya tiene bastante.

La lactancia libre, es decir, aquella en la que el bebé decide cuándo, con qué frecuencia y durante cuánto tiempo quiere mamar, asegura que tome suficientes calorías en cada tetada. Si se le retira del pecho antes de que acabe, quizá no reciba suficiente cantidad de leche rica en grasas y calorías. Si se le cambia demasiado pronto al otro pecho, tendrá que tomar la leche inicial baja en grasas hasta llegar de nuevo a la leche posterior rica en calorías, y se llenará el estómago sin haber recibido las calorías suficientes.

Si el bebé ingiere demasiada leche inicial, baja en grasa, tal vez se sienta incómodo e hinchado. La leche inicial es muy azucarada y, tomada en demasía, transcurre por los intestinos con mayor rapidez de la habitual. Entonces, las enzimas del intestino no metabolizan por completo la leche materna y el intestino no consigue absorber las sustancias alimenticias más valiosas; en cuyo caso, los pañales aparecen con frecuencia llenos de deposiciones verdosas y espumosas, y el bebé parece inquieto y está siempre hambriento. Es preferible dejar que el bebé se alimente cuanto quiera de un pecho, y, si quiere volver a comer al poco rato, darle el mismo otra vez. La leche posterior, rica en grasas, ayudará a que el intestino trabaje más y a que se sienta ahíto.

médicas, que me sentía un poco desplazada; sin embargo, por fin me encargaba de algo en lo que nadie interfería; las dos, Anne y yo, lo hacíamos a la perfección, unidas, aisladas y tranquilas.»

Si deseas amamantar al bebé nada más nacer, ello ayudará a que la placenta sea expulsada. La hormona que provoca que los músculos se contraigan en torno a las células productoras de leche, propiciando la subida de la leche, también hace que el útero se contraiga.

«Mi anterior hijo había mamado de inmediato, y deseaba que éste hiciera lo mismo; sin embargo, surgió un pequeño problema. Habían dejado intacto el cordón umbilical, que era muy corto, hasta que parara de palpitar. Tuve que inclinarme dejando caer un pezón en su boca, pues no lo alcanzaba, y el cordón umbilical tiraba y me pellizcaba desde dentro. Era de lo más incómodo.»

Se ha constatado que los bebés que comienzan a mamar nada más nacer tienen el doble de posibilidades de seguir tomando el pecho después de la primera quincena que los que comienzan más tarde.

Es importante subrayar que «llevarse el bebé al pecho» no significa necesariamente que el bebé mame. No todos los niños, ni tampoco las madres, están preparados para alimentarse de inmediato. Sigue sin estar claro si los beneficios que supone el contacto temprano entre el bebé y la madre provienen del contacto en sí –sensaciones, tacto, olfato y vista– o del amamantamiento.

El bebé de Jill no quiso mamar al momento: *«Tras el nacimiento de mi primer hijo, estaba agotada. Fue un parto muy largo con intervención médica: inducción, anestesia epidural, fórceps y episiotomía. No podía coger al bebé con facilidad porque seguía conectada a todo tipo de máquinas, y estaba tumbada y dormida de cintura para abajo. Mi pareja lo cogió, las enfermeras me ayudaron a sentarme y me las arreglé para tomarlo, mirarlo y tocarlo. Le ofrecí el pecho y lo lamió y acarició con la nariz, pero no llegó a mamar.»*

Hay razones médicas que a veces retrasan el momento de poner el bebé al pecho: por ejemplo, que haya que ponerte puntos o estés recuperándote de la anestesia, o que el bebé se encuentre mal o sea prematuro. Es reconfortante saber que muchos bebés que no maman durante las primeras horas tras el parto, lo hacen con éxito más tarde.

Emma se despertó de la anestesia general (después de una cesárea) y le dijeron que tenía un hijo sano de tres kilos y seiscientos gramos: *«Mi respuesta fue poco entusiasta: "Muy bien; me duele la barriga." El siguiente despertar fue algo mejor, aunque estaba adormilada. Al menos pude sentarme en la cama y coger a John. Intenté darle el pecho, pero no hallé la forma de acercarlo y, al mismo tiempo, mantenerlo lejos de mi estómago hinchado. Esa noche durmió en la sala nido y, con mi agradecido permiso, le dieron el biberón.*

A la mañana siguiente, la vida cobró un nuevo sentido. Los analgésicos funcionaban, había dormido bien y me sentía mejor. Después de un baño, me preguntaron si quería intentar de nuevo darle el pecho. Por primera vez se alimentó bien, a las 28 horas de haber nacido.»

Frances no le dio el pecho a su hija Melanie hasta que tuvo cuatro días: *«Había pensado darle el biberón pero el bebé no quería, y mi prima me sugirió que probara a amamantarlo. Una de las comadronas vino a ayudarme. Lo hizo estupendamente y me sentí a gusto. Tenía muchos puntos y me sentía incómoda cuando le daba el biberón. La niña tomó el pecho y mamó a la perfección en seguida, sintiéndose en su elemento, como pez en el agua.»*

Tal vez ocurra que tu bebé, como el de Lisa, no tenga intención de alimentarse durante las primeras horas después del parto: *«No le di el pecho en el paritorio a pesar de mis intenciones previas, porque estaba demasiado aturdida para hacerlo (y nadie me sugirió que lo intentara). Un poco más tarde, en la sala de recuperación, le pregunté a la enfermera si podía darle el pecho. "Si quiere, puede –fue la respuesta–, pero no los traemos hasta al cabo de seis horas para que les den el pecho." Hice un intento de amamantarlo, pero, aunque Jack estaba muy despierto y había permanecido con los ojos abiertos durante una hora después del parto, no mostró interés alguno y, como a la enfermera no pareció importarle, dejé de intentarlo y nos concentramos en conocernos el uno al otro.»*

LAS POSTURAS PARA DAR EL PECHO

Si desde el principio te tomas el tiempo necesario para que el bebé adopte una buena postura al mamar, evitarás que te duelan los pechos y te asegurarás de que el bebé mama con eficacia. Empieza por ponerte cómoda y encontrar una postura en la que tengas al bebé al pecho con comodidad. Si el nacimiento ha sido por cesárea y te han dado muchos puntos, tal vez necesites una comadrona que te ayude a probar diferentes posturas hasta que encuentres una que te resulte cómoda.

Emma lo intentó todo, pero sólo tuvo éxito al segundo día: *«Traté de sostenerlo con sus pies recogidos bajo mi brazo, apoyada sobre una almohada, pero no sirvió de* mucho. *La comadrona me sugirió que me echara con el niño a mi lado, apoyado entre la cama y la almohada, pero la almohada estaba demasiado alta y me daba patadas en la herida cuando lo tumbaba en el lecho. A continuación, lo intentamos poniendo almohadones sobre mi estómago, sosteniendo al niño en el pliegue del codo, y la posición sirvió hasta que, a base de movimientos, salió de los almohadones. Horas más tarde, me permitieron dejar la cama y sentarme en una silla para darle el pecho, y así fue mucho mejor. Alguien me trajo un escabel y, junto con tres almohadones, situé al niño por encima de la herida para poder darle el pecho. Cuando aprendió, ya todo fue bien. A las 28 horas de vida, consiguió por fin comer sin problemas.»*

La primera toma de Beth no fue como le habría gustado: *«Estaba sentada en la cama del paritorio y sentía mucho dolor por los desgarros y los puntos de sutura. Tuve que sentarme con las rodillas separadas y sin poder incorporarme bien porque me dolía mucho. En realidad, quería echarme, pero la cabecera de la cama seguía alzada y no*

podía. *También me sentía sucia
y sudorosa, lo que me ponía
nerviosa. Además, la niña me
miraba con actitud serena y
no parecía tener prisa por
mamar.»*

Hay que dejar que el bebé
tome el pecho. Algunos bebés
parecen saber su cometido
desde el principio, otros
necesitan que les animen y
cierto tiempo para aprender la
técnica, como el bebé de
Anne: *«Parecía tener muchos
problemas para tomar el pecho;
lloraba para que se lo diera, pero
en seguida se ponía nervioso y el
tacto del pezón contra la cara no
le estimulaba a mamar. Mientras
lloraba mantenía la boca
completamente abierta, pero no
la cerraba sobre el pezón; y, si
trataba de darle el pecho antes de
que llorara, no llegaba a abrir la
boca lo suficiente para poder
mamar correctamente.»*

*Acaríciale la mejilla
para despertar su
interés por el pecho.*

38

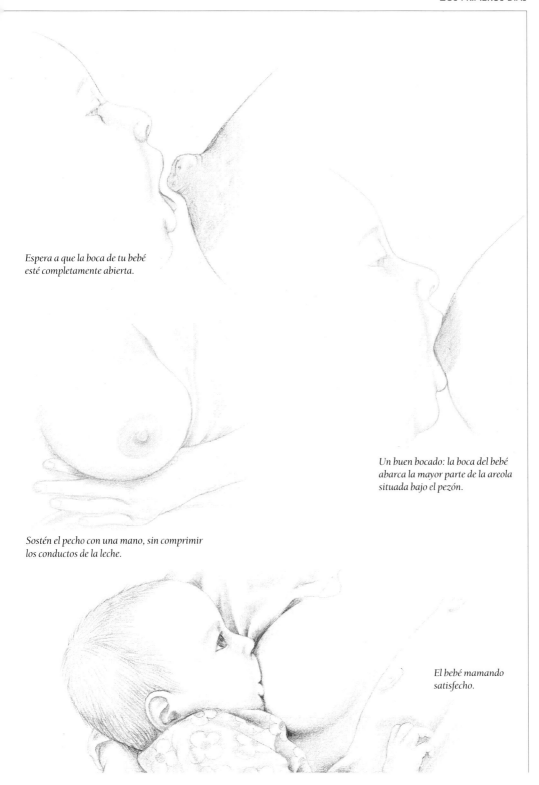

Espera a que la boca de tu bebé esté completamente abierta.

Un buen bocado: la boca del bebé abarca la mayor parte de la areola situada bajo el pezón.

Sostén el pecho con una mano, sin comprimir los conductos de la leche.

El bebé mamando satisfecho.

FICHA DE LACTANCIA

POSTURAS DURANTE LA LACTANCIA

Aunque la lactancia es un proceso natural, también es una técnica que necesita aprenderse. Prestar desde el principio un poco de atención a las posturas correctas evitará muchos problemas.

Empieza por ti

En primer lugar, busca un sitio cómodo para dar el pecho. Siéntate en una silla o échate en la cama, asegurándote de que la espalda esté bien apoyada. Tienes que estar derecha, ni recostada hacia atrás ni inclinada hacia delante. Es mejor evitar sentarse en la cama, porque es muy difícil mantenerse erguida sin resbalar. Es buena idea tener algo de beber o de comer a mano. Muchas mujeres tienen sed cuando el bebé comienza a mamar.

El peso del bebé debe descansar sobre almohadones para que la espalda no soporte la tensión. El bebé debe estar de cara a ti, con la cabeza, el cuello y la espalda en línea recta. La cabeza no debe estar girada para coger el pezón, porque eso dificulta mucho la deglución. Tiene que estar en una postura en que la nariz quede frente al pezón y su cuerpo pegado al tuyo. Esto asegura que el bebé se lleve más tejido glandular del pezón a la boca. Así, se desarrolla mejor la acción de la mandíbula y de la lengua del bebé sobre el pecho.

Tomar el pecho

El bebé quizás esté buscando el pezón, pero si no es así será necesario atraer su atención tocando sus labios con el pezón o acariciándole la mejilla. Es importante esperar a que la boca del bebé esté completamente abierta, para que pueda tomar un bocado grande del pecho, con la lengua abajo y no en el cielo del paladar. Entonces y sólo entonces, cuando tenga la boca bien abierta, puedes llevar al bebé rápidamente al pecho para que mame. Ten paciencia: de allí no se moverá. Ahora, hay que inclinarle la cabeza hacia atrás para que no quede apoyada en el pecho. El cuerpo tiene que estar paralelo al tuyo y pegado a él. Tiene que llevarse a la boca una parte considerable de la areola situada por debajo del pezón. De esta manera, la lengua y la mandíbula inferior hacen el trabajo de extraer la leche del pecho. No es necesario que el bebé se lleve toda la areola a la boca. Lo que importa es que coja siempre un buen bocado.

No hace falta que sostengas el pecho, pero, si te sientes más cómoda haciéndolo, pon la mano con la palma hacia arriba y el dedo meñique en contacto con la caja torácica para que el pecho descanse en la palma de la mano. Alternativamente, puedes descansar los dedos contra la caja torácica manteniendo el pulgar apartado del pecho. Esto evita la compresión de algún conducto. La sujeción del pecho con los dedos índice y corazón, en forma de pinza, impide que la leche fluya por los conductos situados bajo los dedos y puede provocar un bloqueo.

La succión

El bebé empezará a chupar con fuerza. Al principio, la succión será regular, continua y de succiones cortas. Una vez se produce la subida de la

FICHA DE LACTANCIA

leche, la succión se vuelve rápida, con pausas, seguida de succiones más lentas y prolongadas que terminan con la deglución de la leche. A medida que avanza la toma, el bebé succiona, traga y se detiene. Las pausas son parte natural del amamantamiento, y no suelen ser señal de que el bebé haya ingerido lo suficiente. Cuando tiene bastante, deja de succionar y retira el pecho de su boca.

Si el bebé toma bien el pecho, debes notar que succiona con fuerza, pero sin sentir dolor. Si la sensación es dolorosa, reduce la succión del bebé insertando el dedo meñique en un lado de la boca. Aunque resulte tentador seguir con la toma si esto la mejora, es un error. Lo mejor es empezar de nuevo y esperar a que el bebé tenga la boca bien abierta.

El bebé mama bien

Si el bebé está tranquilo y satisfecho y tú te sientes cómoda, lo más probable es que esté tomando bien el pecho. Otros signos que lo confirman son: que el bebé mueva los músculos de la cara e incluso las orejas, si bien esto no siempre es evidente; oír como va tragando la leche; experimentar la sensación de que la leche fluye, aunque sólo seis de cada diez madres experimentan esta sensación cálida de hormigueo. Y lo más importante: el bebé está tranquilo, contento y disfruta de la toma.

Los dos pechos

Es muy importante dejar que el bebé decida por sí mismo cuánto tiempo quiere mamar del primer pecho. Una vez haya tenido bastante y deje el pezón, puedes acercarlo al otro pecho. No es esencial que esté ahíto, aunque algunas madres lo prefieran. Los pasos para conseguir una buena postura deben llevarse a cabo en el otro lado, tomándote el tiempo necesario para conseguirla. Cuando el bebé ha cogido el pecho y está cómodo, hay que dejarlo mamar cuanto quiera de aquel pecho. Si sólo quiere «tomar un aperitivo», es buena idea comenzar con este pecho la próxima vez que quiera comer, así evitarás quedar desequilibrada.

Del calostro a la leche madura

Una vez el calostro deja paso a la leche madura, los pechos a veces se muestran sensibles al tacto, calientes y duros. Esto se debe al aumento del flujo sanguíneo que llega a los pechos, y a cierta hinchazón del tejido glandular mientras «sube» la leche. Si le has dado el pecho a tu bebé cuando lo ha querido, esta incómoda congestión debería durar poco tiempo; por lo general, la incomodidad remitirá a las 24 o 48 horas.

Cuando la congestión inicial haya pasado, los pechos probablemente te parecerán llenos antes de la toma, y más suaves y vacíos después. Sin embargo, al cabo de unas pocas semanas, los pechos se habrán adaptado a la producción requerida de leche para cada toma, por lo que probablemente no aprecies mucha diferencia, si es que la notas, antes y después de cada toma. Esto no significa que el aporte de leche disminuya, sino que está bien calibrado y que la lactancia puede prolongarse tanto como ambos queráis.

COMPROBACIÓN

¿HE ENCONTRADO LA POSTURA CORRECTA?

Debes ver:

- Al bebé relajado y feliz.
- Al bebé contra tu pecho y pegado a ti.
- Su barbilla contra el pecho, hacia delante, y la cabeza hacia atrás.
- La boca completamente abierta, con el labio inferior hacia fuera y no hacia dentro.
- Una porción mayor de la parte inferior que de la superior del pezón, en la boca del bebé.
- El movimiento de los músculos de la cara y la mandíbula, y, tal vez, las orejas moviéndose.

No deberías ver:

- Los labios del bebé blancos y prietos.
- Las mejillas del bebé hacia dentro.

Debes oír:

- El sonido de la leche al tragarla: el cambio de succiones rápidas y pequeñas a degluciones más profundas y satisfechas cuando la leche sale del pecho.

No deberías oír:

- Chasquidos.
- Ruidos de los labios al separarse.

Puedes sentir:

- El funcionamiento del reflejo de la subida de la leche, una sensación caliente de hormigueo.
- Sensaciones placenteras y agradables.

No deberías sentir:

- Dolores que se prolongan durante la toma.

Para Judy fue más fácil: «*Desde el principio empezó a buscar el pezón con una boca que parecía un buzón, y estoy segura de que eso ayudó muchísimo. No tenía que "empujar" para meterle el pezón. Esperaba a que se lo pusieran en la boca y entonces lo cogía con fuerza.*»

LA SUBIDA DE LA LECHE

Si la postura del bebé respecto al pecho es correcta, primero tomará la leche inicial, más dulce. A medida que la hormona oxitocina fluye por la corriente sanguínea, las células galactógenas se contraen y expulsan la leche inicial por los conductos que la hacen llegar al bebé. La salida de la leche por los conductos se denomina reflejo de la subida de la leche. Algunas mujeres experimentan este reflejo como una sensación placentera. Otras cuentan que es una sensación de hormigueo, y unas pocas sienten dolor, sobre todo durante los primeros días. Cuando se libera la leche posterior, un 60 % de las mujeres no experimentan la sensación –en los pechos– de que el bebé se alimenta bien y recibe mucha leche. Experimentar alguna sensación suele ser muy reconfortante: si sientes el flujo es porque debe haber leche en tus pechos. Éstas son algunas de las sensaciones que han experimentado determinadas mujeres:

«*El reflejo de la subida de la leche era muy repentino, pero nunca fue doloroso. ¿Placentero? A veces sí, sobre todo cuando le daba el pecho y estaba relajada y en armonía con el bebé; además de alimentarlo, sentía que le estaba dando la vida.*»

«*La causa del dolor fue el reflejo de la subida de la leche, y perduró durante seis semanas.*»

«*Esperaba sentir el reflejo de la subida de la leche y experimentar alguna sensación cuando el bebé tomara el pecho, pero no fue así, no sentí nada.*»

«*La sensación de la subida de la leche no se parece a nada que hubiera experimentado antes. En los pezones y los pechos se siente un hormigueo y están calientes, y yo me quedo muy relajada y siento mucho amor por mi bebé.*»

LIBERTAD DE HORARIOS

Hasta hace poco, una práctica común era la de aconsejar a las madres que dieran el pecho a intervalos fijos, por lo general cada cuatro horas, y que lo hicieran durante un período específico, normalmente diez minutos por cada pecho. Se pensaba que este régimen protegía al bebé de trastornos digestivos por sobrealimentación y prevenía los dolores en los pezones. Sin embargo, se ha demostrado que aunque algunos bebés están satisfechos alimentándose cada cuatro horas, esto sólo es cierto en el caso de un pequeño porcentaje de bebés, pues la mayoría pide alimentarse con mayor frecuencia. El intervalo entre las tomas probablemente varíe de un bebé a otro, e incluso cambia para el mismo bebé; la única regla es que no existe constante alguna. Se ha comprobado que los bebés a los que se permite regular la frecuencia de las tomas ganan peso con mayor rapidez, y es probable que se críen al pecho durante más tiempo que aquellos cuyas tomas se restringen o regulan de alguna forma.

De forma parecida, las investigaciones han demostrado que la limitación del tiempo de amamantamiento no evita el dolor en los pezones. Los pezones dolorosos suelen tener su causa en una mala postura del bebé mientras mama, y no en la succión en sí. Limitar el tiempo que mama el bebé es perjudicial, porque el bebé necesita el tiempo suficiente para obtener una cantidad equilibrada de leche inicial y posterior. La toma comienza con la leche inicial

COMPROBACIÓN

Los entuertos

Una vez concluido el parto, el útero sigue contrayéndose a intervalos y durante varios días. Cuando amamantas al bebé puede ocurrir que notes dichos dolores o entuertos, ya que la hormona que libera la leche, la oxitocina, causa también la contracción del útero. Ésta es la forma en que tu cuerpo se asegura de que vuelves rápidamente a tu forma previa al embarazo.

Si es el primer niño, es probable que no aprecies estas contracciones. Con el segundo y los subsiguientes, las contracciones serán con toda probabilidad más apreciables y experimentarás una sensación parecida a los dolores del período. Una vez el útero ha recuperado el tamaño previo al embarazo, cesan las contracciones y desaparece el dolor. Tal vez te reconforte saber que recuperarás el tipo con mayor rapidez que las madres que no dan el pecho.

baja en calorías, a la cual sigue, cuando el flujo decrece, la leche posterior, rica en calorías.

Por fortuna, en muchos casos, los profesionales sanitarios han modificado sus prácticas de acuerdo con estas investigaciones y ya no sugieren restringir la frecuencia o la duración de las tomas. Cada vez es más raro encontrar comadronas que aconsejen a las madres limitar la toma del bebé para proteger sus pezones, aunque en ocasiones ocurra:

«Me animaron a dar el pecho cuando el bebé lo pidiera, es decir, cada dos horas y a veces cada hora. Fue agotador, sobre todo porque era mi primer hijo y el parto había sido largo y difícil.»

«Una comadrona experimentada me advirtió que no le dejara mamar más de unos minutos en cada pecho, porque podrían dolerme los pezones, así que lo apartaba del pecho después del tiempo asignado.»

A veces, aunque el bebé se pueda amamantar sin restricciones de tiempo, toparás en el hospital con reglas sobre el intervalo entre las tomas. Te pueden pedir que lo despiertes cada cierto tiempo para la toma, si no despierta espontáneamente; en el caso de un bebé normal y sano no hay necesidad de despertarlo. La mayoría de las madres descubren que, cuando tratan de seguir las reglas, los bebés no están interesados en cooperar hasta que tienen hambre, como le ocurrió a Colette: *«Tras su primera toma nada más nacer, el niño durmió seis horas. La hermana del hospital, que era muy de la "vieja escuela", dijo que el bebé no podía seguir más tiempo sin una toma e insistió en despertarlo echándole agua a la cara, porque se deshidrataría si no tomaba algún líquido. Presentí que hacía mal, pues era un bebé perfectamente sano, pero me plegué a sus "superiores conocimientos" y dejé que lo despertara. No recuerdo que mamara más de unos pocos segundos. Desde entonces he aprendido que las mujeres que tienen los hijos siguientes en el mismo hospital, no reciben el mismo trato y duermen hasta que el bebé se despierta.»*

BEBÉS DORMILONES

Los estudios realizados sobre los hábitos alimentarios de los bebés normales muestran que las tomas suelen ser poco frecuentes durante los primeros días, y que, al principio, cierto rechazo a mamar es perfectamente normal. Otro factor que contribuye al rechazo del bebé es el efecto de los analgésicos que se le administran a la madre para los dolores del parto. La petidina pasa con rapidez al bebé, a través de la placenta, y sus efectos pueden ser duraderos.

Algunos bebés son dormilones después del parto porque padecen ictericia. La piel de los bebés se torna amarillenta, y pueden mostrarse reacios a mamar durante mucho tiempo, cayéndose dormidos a los pocos segundos.

La ictericia, que se desarrolla en torno al segundo y al cuarto día, es tan corriente que se la conoce con el nombre de ictericia fisiológica. Una de las mejores formas de reducir este tipo de trastorno es amamantar al bebé con frecuencia, pero como la ictericia suele producir somnolencia, tal vez resulte difícil. A veces se le dan al bebé líquidos adicionales (agua, por ejemplo), en un intento equivocado de reducir la ictericia. El agua no tiene ningún efecto curativo para este mal y sólo sirve para llenarle el estómago y quitarle el apetito al bebé.

Janice se sometió a un parto inducido cuando llevaba 38 semanas de embarazo, tras haber tenido una hemorragia de anteparto a las 36 semanas. El bebé estaba bien, excepto porque tenía algo de ictericia y mucha somnolencia: *«En el hospital me animaron a darle líquidos, en especial agua, para la ictericia, pero me negué y nos comprometimos a despertarlo para amamantarlo con la mayor frecuencia posible a pesar de su sueño exagerado. Empezó a mejorar cuando el aporte de leche quedó asegurado y volvimos a casa.»*

A veces, si el nivel de ictericia es alto, el bebé se trata con fototerapia, que consiste en exponerlo bajo unas luces blancas y brillantes con los ojos cubiertos. Esto reduce la ictericia, pero también vuelve irritable al bebé, que se muestra inquieto.

Hay un tipo de ictericia que se inicia hacia el final de la primera semana de vida y puede continuar durante varias semanas. Suele denominarse «ictericia de la leche materna», porque se detecta en bebés lactantes, y no tiene otro síntoma aparente más que su coloración amarillenta. Hay varias teorías sobre su origen, pero no hay una opinión común. Antes solía optarse por interrumpir la lactancia durante 24 horas para confirmar el diagnóstico. Ahora se sabe que no hay razón para hacerlo, porque causa ansiedad tanto a la madre como al bebé y no se obtienen grandes resultados. Aunque el nivel de ictericia quizá

RESEÑA INFORMATIVA

LA ICTERICIA

Durante la primera semana de vida, muchos bebés padecen ictericia. La mayoría de estos bebés no enferman; sólo uno entre mil sufre algún problema, por lo general en el hígado o bien una incompatibilidad con el grupo sanguíneo. En la mayoría de los casos se trata de ictericia fisiológica, un proceso natural durante el cual el bebé se ha de adaptar a la vida fuera del útero. Esta ictericia es inocua, pocas veces requiere tratamiento, y no necesita ser investigada para determinar su causa.

Como los fetos no respiran por sí solos, necesitan glóbulos rojos adicionales para obtener el oxígeno. Tras el parto empiezan a respirar; estos glóbulos rojos adicionales dejan de ser necesarios y, cuando el hígado los metaboliza, la vesícula biliar genera bilirrubina, el pigmento causante de la coloración amarillenta de la piel de los bebés con ictericia.

El hígado de los bebés es inmaduro y no puede eliminar la bilirrubina con suficiente rapidez. Al hígado le cuesta de tres a cinco días madurar y, durante este período, aumenta el nivel de bilirrubina y aparece la ictericia. Ésta puede exacerbarse debido a magulladuras durante el parto, o por los fármacos administrados a la madre durante el embarazo o el parto (oxitocina o anestesia epidural).

La ictericia «temprana», es decir, aquella que se manifiesta durante las primeras 24 horas de vida, es un indicador de que puede haber un motivo más grave de preocupación y de que tal vez sea necesaria una intervención médica. Asimismo, la ictericia puede ser grave en bebés prematuros.

En ocasiones, la ictericia se manifiesta un poco más tarde, hacia el final de la primera semana de vida. En ausencia de otros síntomas, no suele haber motivo de preocupación. Esta ictericia tardía se denomina ictericia «de la leche materna». En el caso de un bebé sano no hay razón para molestarlo, como a veces se sugiere, quitándole el pecho con el fin de «diagnosticar» la enfermedad.

¿Es necesario un tratamiento?

El mejor tratamiento para un bebé lactante con ictericia es amamantarlo con mayor frecuencia, unas 12 tomas diarias. Los líquidos adicionales que no sean la leche materna son innecesarios, cuando no dañinos. Los bebés con ictericia tienden a tener sueño y hay que estimularlos, por ejemplo, cambiándoles el pañal. A veces se muestran reacios a mamar durante unos días, pero es importante ofrecerles el pecho con frecuencia hasta que pase la ictericia, porque el calostro es muy eficaz para excretar el meconio viscoso del intestino de los bebés. Cuanto más tiempo permanece el meconio en el intestino, mayor es la posibilidad de desarrollar ictericia. Como la bilirrubina es soluble en la grasa, la leche (sobre todo la posterior) ayuda a que se elimine con mayor rapidez; el agua no es buena para esto. Si el bebé no toma mucha leche, extráela para mantener el aporte hasta que el bebé esté dispuesto a tomas más largas. La leche extraída también puede dársele al bebé con una taza o una cuchara.

Si el bebé necesita fototerapia, es importante darle el pecho con frecuencia. Asegúrate de que la fototerapia es realmente necesaria. Los bebés se exponen desnudos bajo una luz blanca, que transforma la bilirrubina en otra sustancia inocua. A menudo se les cubren los ojos para protegerlos, y pueden ponerse irritables o intranquilos bajo la luz, y desarrollar diarrea. Los bebés, bajo la luz, pierden agua a través de la piel, por lo que necesitan beber más. En el caso de un lactante, este líquido adicional es siempre leche materna.

desciende con un poco más de rapidez, la ictericia también desaparece sin tratamiento alguno, como pasó con el bebé de Ellen: «*El inicio de la lactancia con George ocurrió sin incidentes, y tomaba el pecho sin problemas; yo me sentía tranquila y confiada. Tuvo ictericia durante cuatro semanas y fuimos al hospital para hacernos análisis de sangre. El diagnóstico fue "ictericia de la leche materna". Es una lástima que hubiera que extraerle tanta sangre y hacerle tantas pruebas sólo para dejar tranquilos a los médicos. Al menos, nadie me sugirió que dejara de amamantarlo. Antes de que transcurrieran seis semanas, había pasado todo y perdió su "color oscuro".*»

PEZONES INVERTIDOS

Alrededor del 2 % de las mujeres tienen pezones invertidos. Si los pezones semejan cráteres y no se ponen erectos cuando tienes frío o haces el amor, sino que se vuelven hacia dentro, entonces tienes pezones «invertidos». A muchas madres que tienen los pezones así se las desanima a dar el pecho; sin embargo, hay que subrayar que el bebé se cría al pecho y no al pezón: si la postura es correcta, el bebé se llevará un buen bocado del pecho a la boca. Los pezones erectos ayudan, pero no son esenciales en la lactancia materna.

Con el apoyo necesario y descubriendo la postura apropiada, las madres con pezones planos o invertidos pueden amamantar a su hijo tan bien como otra, como descubrió Teresa: «*Durante el primer embarazo pensaba que daría el pecho. Estaba muy animada a hacerlo, pero los médicos y las comadronas me advirtieron que mis pezones eran un problema, que siempre se habían mostrado invertidos. En los días fríos me parecía tener agujeros bajo la camiseta. No había forma de que se pronunciaran, y los masajes, los discos absorbentes y el formador de pezones no hicieron ningún efecto. Me lo tomé con calma: tal vez no fuera posible, pero haría lo que estuviese en mis manos.*

Tim nació con dos semanas de antelación, no tomaba el pecho con facilidad y parecía tener una succión muy fuerte. No fue fácil, y las comadronas del hospital comenzaron a dudar de si tendría calostro. Pero, antes del parto, una ligera presión había hecho rezumar algo de líquido, por lo que era improbable que éste fuera el caso. Las bien intencionadas comadronas que trataban de meter las areolas sin pezones en la boca de Tim nos dejaron a ambos cansados, frustrados, y no le hizo ningún bien a mi dignidad, confianza o intimidad. Traté de usar pezoneras, que me ayudaron, y me sentí más segura al ver los restos de leche allí al terminar una toma.

Me sentí aliviada al volver a casa y establecer contacto regular con la consejera de lactancia de la NCT local. A pesar de la presión ejercida por comadronas y asistentes para que diera al niño biberones suplementarios, mantuve su número al mínimo y di prioridad en lo posible a acunarlo entre mis brazos y darle el pecho.

Hubo momentos en que me dolían, estaba cansada y frustrada, y necesitaba la ayuda y el apoyo moral de mi marido, de la consejera de lactancia y de mis amigas. Finalmente, mis esfuerzos se vieron recompensados cuando los pezones comenzaron a mejorar, y me di cuenta de que Tim no necesitaba unos pezones grandes para «mamar» y que podía chupar el pecho muy bien sin ellos.

Los pezones fueron apareciendo gradualmente durante las tomas, hasta ver la luz del día por primera vez en 41 años. Me dolían y estaba bastante asustada al comenzar este proceso, porque a menudo era muy incómodo, a veces doloroso, y resultaba alarmante por lo inhabitual. Mis pezones nunca estaban erectos, y el niño tenía que sacarlos al comienzo de cada toma. Pero cambiaron radicalmente, la piel se fue endureciendo y las consecutivas tomas hicieron surgir un pezón más natural y flexible.

Si alguna mujer con pezones invertidos se plantea NO dar el pecho a su hijo, le recomendaría pensárselo dos veces. Al igual que yo, quizá tenga problemas, pero el dolor y el malestar darán pronto paso al alivio y al placer. Es una experiencia que no me habría perdido por nada del mundo.»

LA SENSACIÓN DE PLENITUD CUANDO SUBE LA LECHE

Si desde el nacimiento amamantas al bebé con frecuencia, tal vez evites sentirte llena cuando la leche suba. Si tus pechos están muy llenos y duros (hinchados) cuando sube la leche, tendrás problemas para que el bebé tome el pecho y necesitarás ayuda adicional.

Cuando a Susan le subió la leche, el bebé acababa de dormirse después de haber estado despierto varias horas y haber comido, y empleó el sacaleches eléctrico de la sala para extraer leche y aliviar la presión de los pechos: *«Después, cuando sentía los pechos muy duros y el pezón y la areola estaban demasiado tensos para que el bebé pudiera tomar el pecho, me ponía paños calientes para que la leche fluyera, el pezón se ablandara y el bebé pudiera mamar.»*

Elaine tuvo una subida de la leche tan fuerte que salía a chorro: *«Ello permitió que los pechos se ablandaran y facilitó que mi hijo pudiera mamar, pero me dolían tanto los pezones que era una agonía. Sólo mamó de un pecho y se durmió. Le cambié el pañal e intenté que mamara del otro, pero no quería y volvió a dormirse. Me quedé con un pecho duro como el cemento. Llamé por teléfono a mi madre y me sugirió un baño caliente con paños para suavizarlo. Aquella noche me subió la leche y me sentía absolutamente hinchada. Me desperté agotada tras haber estado toda la noche intentando que mamara el bebé, que no paraba de llorar. Llamé a mi madre y acudió. Me sugirió que le diera el pecho más dolorido y me ayudó a que el niño lo tomara. Mamó durante 30 minutos y se quedó dormido. Aún tenía congestionado el otro pecho, y no había perspectivas de darle de mamar hasta al cabo de dos horas, por lo que mamá me sugirió que intentara (sin éxito) extraer un poco de leche para aliviar el malestar. Terminé dándome otro baño caliente con paños.»*

Anne intentó seguir un consejo que había oído: *«En el hospital tenía los pechos hinchados y doloridos y, al tercer día, descubrí el efecto de las hojas medio congeladas de una berza de Saboya; eran una bendición cuando las colocaba dentro de un buen sujetador de crianza y las cambiaba con frecuencia. No estoy segura del olor que desprendían, pero no me importaba.»*

En la mayoría de los casos, esta sensación de plenitud dolorosa pasa al cabo de 24 o 48 horas, y se alivia la congestión facilitando el flujo de la leche.

Tus pechos pueden llegar a estar muy llenos y duros cuando sube la leche.

Un baño caliente, sobre todo antes de la toma, ayuda a que la leche fluya.

FICHA DE LACTANCIA

Tratamiento de la sensación de plenitud cuando sube la leche

Muchas madres experimentan un cambio en los pechos en torno al tercer o cuarto día después del parto, ya que pasan de estar blandos a estar firmes y llenos. La leche va cambiando de calostro a leche madura; el aporte de linfa y sangre a los pechos aumenta y se acumula líquido (edema) en el tejido mamario. Es posible que sientas los pechos calientes y duros y experimentes algo de dolor, lo que suele denominarse congestión. Es un proceso temporal que sólo dura de 24 a 48 horas. Si amamantas al bebé con mucha frecuencia desde su nacimiento, posiblemente evitarás que los pechos se congestionen.

Cómo tratarlo

- Lo más importante: alimenta a tu bebé con frecuencia y durante el tiempo que quiera.
- Si te sientes llena, tal vez necesites ablandar el pezón para que el bebé pueda mamar. Si los pezones no sobresalen como es lo habitual, tal vez el bebé tenga dificultad en llevarse suficiente tejido mamario a la boca. En esta situación no es difícil que los pezones se vuelvan dolorosos, especialmente si el bebé no toma una buena porción.
- Masajea con suavidad los pezones, ejerce una ligera presión sobre el tejido para ablandarlo.
- Ten cuidado con todo lo que hagas, porque el tejido mamario se magulla con facilidad durante este período.
- Alterna la aplicación de calor y frío, a tu comodidad: los paños calientes y las duchas o baños calientes, sobre todo antes de las tomas, ayudan a que la leche fluya; una bolsa de hielo envuelta en una toalla, o incluso una bolsa de guisantes congelados, ablanda los pechos, sobre todo después de una toma.
- Algunas madres descubren que las hojas de col enfriadas en la nevera son un alivio cuando se aplican al pecho dentro del sujetador. Llévalas durante media hora más o menos, hasta que alcancen la temperatura del cuerpo.
- Intenta emplear un sacaleches, manual o eléctrico, justo antes de una toma. Si te sientes molesta antes de que el bebé quiera comer otra vez, intenta extraer algo de leche hasta que vuelvas a sentirte cómoda.
- Asegúrate de que el sujetador no esté demasiado apretado, para que no produzca magulladuras ni bloquee los conductos, o genere mastitis.
- Pídele a tu comadrona un analgésico adecuado, como paracetamol, si lo necesitas; no le hará ningún daño al bebé.

PRODUCCIÓN DE LECHE DESDE EL NACIMIENTO			
Edad del bebé	Volumen por día		Volumen por toma
	Mínimo/máximo	Promedio	Promedio
Día 1 (0-24 horas)	7-123 ml	37 ml	7 ml
Día 2 (24-48 horas)	44-335 ml	84 ml	14 ml
Día 3 (48-72 horas)	98-775 ml	408 ml	38 ml
Día 4 (72-96 horas)	375-876 ml	625 ml	58 ml
Día 5 (95-120 horas)	452-876 ml	700 ml	70 ml
3 meses	609-837 ml	750ml	
6 meses		800 ml	

Capítulo 3

Manos dispuestas a ayudar

Las comadronas de los hospitales han empezado a darse cuenta de que su papel es crucial a la hora de ayudar a las madres a comenzar con buen pie la lactancia. El ambiente de hospital no siempre ha sido el mejor para aprender las técnicas de lactancia materna. La Baby Friendly Initiative (BFI) (Iniciativa amiga de los niños) del Reino Unido trabaja para mejorar la toma de conciencia sobre determinadas prácticas hospitalarias. La preparación del personal que trabaja con madres lactantes y la instauración de medios que protejan y fomenten la lactancia materna son aportaciones importantes que están empezando a darse en las unidades de maternidad de todo el país. La primera unidad de maternidad en el Reino Unido, que obtuvo el estatus de Baby Friendly (Amiga de los niños), fue la unidad dirigida por comadronas del Royal Bournemouth Hospital. La unidad ha cumplido los «diez pasos para una lactancia feliz» de la BFI, y ha elevado hasta el 75 % la tasa de madres lactantes dadas de alta en dicha unidad. Es una prueba positiva de que las actitudes y prácticas del personal de hospital tienen un efecto profundo sobre las madres que pasan por sus manos. Si la plantilla del hospital cree y apoya la lactancia materna, las madres que llegan a estos centros la consiguen.

UN BUEN COMIENZO

Hay varios factores que ayudan a que el bebé y tú comencéis con buen pie la práctica de la lactancia. Uno de los más importantes es el apoyo y el estímulo positivo de los profesionales sanitarios, los amigos y la familia. Al principio, muchas madres desconfían de su capacidad para amamantar con éxito a sus hijos. Son muy vulnerables a cualquier comentario negativo o crítico. No queremos decir con ello que estés condenada al fracaso si no recibes apoyo moral, pero te resultará mucho más fácil, como a Gemma, que los que te rodeen quieran que tengas éxito y confíen en que lo consigas: «*Había, por aquel entonces, una hermana fantástica en el hospital (que ya se ha jubilado) que me dio el mejor apoyo posible durante los primeros días. Se mostraba muy serena y positiva, y me dio mucha confianza en mí para cuidar del bebé. Consiguió que saliera de una racha de cuatro días de profundo pesimismo.*»

Durante el segundo día, Huw, el bebé de Emily, estuvo muy intranquilo. Aunque era su segundo hijo y tenía ya cierta confianza, empezó a plantearse si estaba haciendo algo mal, sin llegar a pensar que el recién nacido podía tardar un poco en adaptarse al mundo exterior: «*¿No le daba suficiente leche? ¿O le daba demasiada? Tomaba el pecho con mucha más frecuencia que los niños de nuestro alrededor, que se alimentaban con dos biberones. Una enfermera me sugirió que le diera agua para que soltara el aire. No mostraba ningún interés por el agua y no parecía un remedio eficaz. Otra enfermera me aconsejó que probara con un biberón con leche artificial: tal vez el calostro no era suficiente y tenía hambre. Yo sabía que el calostro es muy nutritivo y que era cuanto necesitaba, pero después de pasarse toda la tarde llorando empecé a dudar. El personal sanitario y las madres me apoyaron mucho, pero todas me sugirieron que modificara la forma de alimentar al niño para que dejase de llorar, porque era desalentador. Necesitaba que alguien me dijera: "Lo estás haciendo bien, no te preocupes, ya se acostumbrará." Nos fuimos del hospital al cuarto día. Pesaron al niño antes de marcharnos: superaba un poco el peso registrado al nacer, lo cual me dio mucha confianza.*»

INFORMACIÓN CLARA Y RAZONABLE

Un segundo factor clave para comenzar con éxito la lactancia materna es contar con información y consejos razonables, claros y acertados, que se basen en un programa consensuado. Algunas autoridades sanitarias ya cuentan con ese programa y otras lo están desarrollando. Una vez existe un programa, se requiere además mucho esfuerzo y preparación por parte del personal para asegurarse de que se lleva realmente a la práctica. Una posibilidad es que la comadrona te pregunte qué tipo de asesoramiento has recibido hasta el momento y quién te la ha dado; o que le expliques a tu asistente la información que has recibido y lo que te ha parecido. Por fortuna, si un hospital cuenta con un buen programa de lactancia materna, te asesorarán sin que recibas información contradictoria, como le sucedió a Lydia: «*No ayudaban nada a mejorar la situación los consejos contradictorios que cada comadrona me daba, a veces uno distinto en cada toma. Todas eran muy amables y serviciales, pero diferían a la hora de aplicar una solución al rechazo de Daniel, y no había plan que pudiéramos seguir.»*

Cuando Joy pasó del hospital de prácticas al hospital local las cosas mejoraron mucho: *«Allí, el personal estaba un poco desfasado con el tema de la lactancia, y seguían siendo partidarios entusiastas de las tomas cada cuatro horas; por fortuna, durante ese período, la niña quiso también alimentarse aproximadamente cada cuatro horas. Lo mejor fue que todas me decían lo mismo y querían que saliera adelante con la lactancia.»*

Elaine recibió consejos contradictorios desde el primer día: *«Al nacer, David se mostraba muy despierto y me miraba atentamente. Cuando traté de acercarlo al pecho, unos treinta minutos después de haber nacido, una de las auxiliares que limpiaba el paritorio me dijo: "Oh, ¿no estarás intentando darle el pecho? Pobrecito, déjalo, tal vez quiera que lo acunes." Me sentí avergonzada y me cubrí de inmediato. Me sentía como una estúpida y quería a toda costa que alguien me ayudara, pero no me atrevía a preguntar. Así que me quedé quieta, con lágrimas en las mejillas y abrazando al niño.*

Dos horas más tarde, una comadrona me preguntó si le había dado el pecho a David; se sorprendió de que no fuera así, y me dijo que podía haberlo hecho de inmediato. Me ayudó a que el niño mamara. Al principio fue raro sentir aquellos pequeños tirones en el pecho, pero pronto me relajé y me di cuenta de que estaba radiante de felicidad. Me sentía tan orgullosa de David y de mí... Era lo más natural del mundo, y me olvidé de todo y de todos durante aquellos minutos tan emocionantes.»

BEBIDAS SUPLEMENTARIAS

Los bebés criados al pecho no necesitan más líquido que la leche materna. Sin embargo, a veces se sugiere darles bebidas adicionales, por muy distintas razones: porque puedan tener sed (o haga calor); porque tengan ictericia; porque tengan hambre si aún no ha subido la leche o porque parezca que la lactancia al pecho «ha fallado». Ninguna de éstas es una razón válida para ofrecer leche artificial, agua o cualquier otro líquido. Los bebés sanos no necesitan un gran volumen de líquido antes de que el pecho se lo pueda proporcionar. Darle a un bebé, criado al pecho durante los primeros días, otra cosa que leche materna puede confundirlo y, en algunos casos, provocar el final de la lactancia. Por ejemplo, según una encuesta de 1990 de la revista *Infant Feeding* (Alimentación del recién nacido), el 32 % de los bebés lactantes, a quienes dieron también biberones con leche artificial en el hospital, dejaron de tomar el pecho durante las dos primeras semanas, frente al 9 % en los bebés que no tomaron leche artificial.

FICHA DE LACTANCIA

QUÉ HACER CON LOS CONSEJOS CONTRADICTORIOS

Tal vez, como madre primeriza, te muestres insegura sobre la forma de cuidar, tratar y alimentar al bebé. Es posible que quieras preguntar a mucha gente sobre el tema. Pero el caso es distinto cuando la gente se aprovecha de tu inseguridad para decirte lo que tienes que hacer, tanto si preguntas como si no, lo que quieren es aconsejarte.

Los consejos típicos suelen comenzar por:

- «Si yo fuera tú...»
- «Cuando mi hijo tenía dos días...»
- «Si no haces esto, entonces...»
- «Deja de darle el pecho ahora porque...»
- «Como le estás dando el pecho, por eso...»

- «Lo que deberías hacer es...»
- «Lo que hay que hacer en esos casos...»

Es probable que cada afirmación de éstas acabe con una sugerencia distinta, que puede confundir mucho a una madre primeriza.

Sugerencias para afrontar los consejos contradictorios

- Saber cómo quieres alimentar al bebé.
- Elegir a una persona de toda confianza, por sus conocimientos sobre el tema, para seguir sus consejos.
- Recordar que no hay que hacer lo que no deseas para el niño ni para ti.
- Tú eres la madre del bebé y lo más probable es que lo conozcas mejor que nadie.
- No necesitas seguir todos los consejos que te dan; pon en práctica sólo aquellos que te parezcan buenos para el niño y para ti. Quédate unos cuantos y descarta los demás.
- Pide explicaciones que sustenten el consejo.
- Si te inquieta un consejo, pregunta si hay algún estudio que respalde dicha sugerencia.

- Si ya no te ves capaz de escuchar nuevos consejos, pídele a tu pareja, amigo, familiar o quienquiera de tu confianza que tengas a tu lado en ese momento que te libre de tales consejeros.
- Si estás segura de lo que haces, incluso los consejeros más pesados dejarán de decirte lo que tienes que hacer.
- Es posible que funcione una «receta» tan sencilla como: dar el pecho a tu bebé cuando tenga hambre, consolarlo cuando llore y animarlo a dormir cuando esté cansado.
- Contacta con una consejera de lactancia. Te escuchará y ayudará a tomar tus decisiones. Si no sabe la respuesta inmediata, la buscará y te brindará información basada en las últimas investigaciones.

A Elaine la incitaban a que diera el biberón al bebé: «*Una comadrona me sugirió que David tenía hambre porque no me había subido la leche y que, como era necesario que yo durmiera, por qué no les dejaba que le dieran leche artificial para salir del apuro. Yo me sentía vulnerable emocionalmente y me asaltó la idea de estar privando al niño de algo; sólo pensarlo ya me agotaba, así que dejé que le dieran el biberón esa noche. Una comadrona me dijo que se había tragado todo un biberón y ahora dormía profundamente. ¡Me sentí una inepta! Por fortuna, tan sólo ocurrió esa noche y por fin "me subió la leche".*»

Carol tuvo una experiencia parecida: «*La segunda noche, la enfermera, que era un encanto, no estaba de guardia, y la sustituyó otra muy mandona que infundía miedo; por supuesto, el niño se despertó por la noche. Las primeras horas de la noche las pasamos peleando; ella quería llevárselo y darle un biberón. Me observó mientras le daba el pecho, haciéndome sentir violenta y avergonzada; me dijo que el bebé no tomaba suficiente leche, que tenía hambre, y que yo debía descansar y dejar de molestar al resto de las madres. Al final, se acercó hecha una furia y se llevó al niño hasta la mañana siguiente. Todavía no sé si le dio biberón o no.*»

El calostro, la primera leche que toma el bebé, puede fluir en poca cantidad pero es muy nutritiva y satisfactoria. También proporciona protección al niño contra las posibles infecciones. Al nacer, el estómago del bebé es muy chiquitín, sólo tiene unos cuatro centímetros de longitud (el tamaño de una nuez) y no requiere mucha leche para llenarse. Además, al nacer, los recién nacidos no tienen demasiada hambre. En la placenta se alimentan satisfactoriamente, a excepción de algunos pocos casos.

Si se calma la sed y el hambre del bebé con otros líquidos, no le apetecerá tanto mamar. El amamantamiento continuado y la eliminación de la leche contenida en los pechos es esencial para establecer un buen aporte de leche materna. Tu confianza en la capacidad para amamantarlo es probable que se vea mermada si te hacen creer que tu leche no satisface las necesidades del bebé. Además, seguramente le costará más aprender a mamar del pecho si le obligan a aprender una técnica tan distinta como la de chupar un biberón.

Durante los primeros días en el hospital, si la lactancia materna presenta dificultades, algunas mujeres se sienten tentadas a ofrecer a sus bebés la «solución» siempre a mano de las leches artificiales, como le ocurrió a Sandra: «*No había duda de que mi bebé tenía hambre; la gente seguía preguntándome si me había subido la leche, asegurando que a veces, después de una cesárea, no subía hasta el quinto día; así me persuadieron de que le diera la leche extraída. Al cabo de dos o tres días me sentía tan culpable de usar este sistema que le di un biberón con leche artificial. Quería a toda costa darle el pecho, hacer algo bien después de una cesárea que yo percibía como un fracaso. Si le daba un biberón podía dejar de tomar el pecho, porque es mucho más fácil extraer la leche de un biberón; y esta preocupación, a su vez, podía detener el reflejo de la subida de la leche. Cada vez estaba más deprimida y pasé la mayor parte del tiempo llorando.»*

Hipoglucemia

En algunos hospitales, preocupa que los bebés no coman a intervalos regulares, sobre todo si hay un intervalo largo entre el parto y la primera toma del bebé. Esto parece especialmente preocupante para el personal sanitario cuando el bebé pesa bastante al nacer. Si el bebé se muestra inquieto o baja su nivel de azúcar en la sangre, es motivo de preocupación. A menudo, éste es el momento en que comienzan a presionarte para que le des un biberón suplementario de leche artificial, como recuerdan disgustadas estas tres mujeres:

«Entonces, la comadrona dijo que mi hija era un bebé muy grande (cuatro kilos trescientos gramos), y que su nivel de azúcar en la sangre debía ser bajo y bajaría aún más si no le daban biberones suplementarios. Estaba confundida y triste, y me limité a decir que no quería que le dieran el biberón. La comadrona no contestó y parecía tan seria que no me atreví a desobedecer sus instrucciones.»

«Durante la segunda noche, tras 20 horas alimentándose poco, comprobaron el nivel de glucemia de la niña. Me dijeron que necesitaba un biberón, que estaba desnutrida. Dije que quería darle el pecho, pero me contestaron que no daría resultado y que qué iba a hacer cuando volviera a casa; cómo esperaba alimentarla si ni siquiera tenía biberones por si los necesitaba. La poca confianza que me quedaba se esfumó. Me sentí fracasada, agotada y sola; así que, muy a pesar mío, permití que se la llevaran para darle el biberón e intenté dormir.»

«Mi hijo pesaba 2,664 kg, y yo estaba agotada. Sin embargo, me lo pusieron al pecho en seguida porque había dejado claro que se lo iba a dar. Tenía mucho apoyo moral (por desgracia, acompañado de muchos consejos contradictorios) pero, de todas formas, lo estaba haciendo bien. Al tercer día, mi hijo pesaba sólo dos kilos, estaba raquítico y empezó a temblar descontroladamente. Un análisis de sangre mostró que tenía hipoglucemia y que era esencial un biberón suplementario hasta que recuperara el peso inicial.»

Algunas madres son capaces de resistir la presión para que den líquidos adicionales al bebé, incluso si la presión es fuerte. Las pruebas por las que pasa el bebé, para valorar su nivel de azúcar en la sangre (por lo general, un pinchazo en el talón), pueden ser penosas tanto para el niño como para ti. Vale la pena preguntar si es absolutamente necesario hacer una prueba. Si el bebé no muestra otros signos de enfermedad, lo más probable es que no haya necesidad de darle alimento suplementario. La mejor solución es ofrecerle el pecho con

RESEÑA INFORMATIVA

HIPOGLUCEMIA

Hipoglucemia significa que la concentración de glucosa en la sangre es baja. En el caso de algunos bebés, esto se traduce en ciertos signos como quedarse sin fuerzas, mostrarse inquietos o tener «ataques». Existe un pequeño riesgo de que el cerebro sufra daños si el bebé se ve privado de alimento durante cierto tiempo. Sin embargo, hay gran disparidad de opiniones entre los pediatras sobre cuándo la hipoglucemia se convierte en un problema para los bebés. Esto significa que a veces los bebés se ven sometidos a pruebas y a tratamientos cuando no hay necesidad de hacerlo. Parece ser que, si bien los bebés a término suelen presentar niveles bajos de azúcar en la sangre durante los primeros días después del parto, pueden emplear otros recursos energéticos del cuerpo. Si no muestran ningún síntoma excepto que el intervalo entre las tomas es más largo durante los primeros días, entonces no están enfermos y comenzarán a alimentarse cuando estén preparados.

Medición

Por lo general, la muestra de sangre se extrae del talón del bebé, con una aguja, y se extiende en una tira reactiva para medir el nivel de glucosa en la sangre. Esta prueba está preparada para valorar casos de hipoglucemia en adultos y no en bebés, por lo que no es muy segura. La forma más fiable de medir el nivel de glucosa son los análisis de sangre en laboratorio.

Tratamiento

A los bebés que tienen un nivel bajo de azúcar en la sangre se les suele ofrecer alimento adicional, a menudo, un biberón con leche artificial o una solución de dextrosa. En la mayoría de los casos no es necesario. Como la leche materna siempre es el mejor alimento, darle el pecho desde el principio y con frecuencia suele evitar el riesgo de hipoglucemia. Si el bebé está soñoliento o no quiere comer, y existe motivo de preocupación, se le puede ofrecer leche extraída en una cuchara o en una taza.

Es más probable que los bebés más pequeños de lo normal o prematuros, o hijos de madres diabéticas, necesiten ayuda; pero, incluso estos bebés, pueden recibir una alimentación suplementaria con leche materna extraída y no artificial.

frecuencia, dejando que tome cuanto quiera de un pecho antes de cambiarlo al otro, asegurándose de que toma leche posterior rica en calorías. Si no es posible, se le pueden dar suplementos con una cuchara o una taza para evitar que el bebé confunda las distintas formas de succión, como ocurre cuando se le da un biberón.

Doce horas después de nacer, el bebé de Claudette seguía sin comer; la comadrona le preguntó si podían medir el nivel de azúcar de la niña: *«Si está bien —me dijeron—, no hay una necesidad desesperada de que coma. La prueba parecía ofrecer la seguridad que necesitaba y di mi consentimiento. Su nivel de azúcar era bajo pero tolerable; aún así, la niña seguía sin comer más de un segundo. Más que* mamar, lamía el calostro de los pezones y parecía que fuera suficiente. Cada dos horas, las comadronas le clavaban una aguja para comprobar el nivel de azúcar en la sangre. Me dieron un horario y me dijeron que Emily debía tomar el pecho al menos 20 minutos cada cuatro horas para encontrarse bien. A medida que pasaban las horas, estaba cada vez más preocupada y las comadronas más nerviosas cuando yo intentaba darle el pecho. Empezaron a mencionar la posibilidad de un biberón y me insinuaron que se pondría enferma si no comía algo. Transcurridas veinticuatro horas me dijeron que el nivel de azúcar en la sangre de la niña seguía bajando y que debía darle el biberón: "Un biberón no le hará ningún daño." Les contesté que sí podía hacérselo, pero las miradas de reprobación que me echaron dieron a entender que no cederían. Por otra parte, otras mujeres de la sala tenían problemas parecidos a pesar de darles el biberón a sus niños. De las seis mujeres, yo era la única que daba el pecho.»

LACTANCIA NOCTURNA

Las tomas de la noche tienen un valor particular, porque parece ser que estimulan mucho más que las tomas diurnas la producción de prolactina, la

hormona responsable de la producción de la leche materna. Hoy, suele aceptarse que los bebés duerman por la noche con sus madres y no en las salas nido. La lactancia nocturna también ayuda a evitar que los pechos se llenen demasiado. Puedes dedicarte a enseñar a mamar al bebé antes de que la leche suba, momento en que tus pechos estarán firmes y redondos, y quizá le resulte más difícil. Los bebés necesitan alimentarse por la noche durante algunas semanas, y la cantidad de leche requerida se produce con mayor rapidez si las tomas nocturnas se establecen desde la primera noche. En la última encuesta de la revista *Infant Feeding* se constató que, antes de 1990, el 63 % de las mujeres estaba continuamente con sus hijos en el hospital, frente al 17 % en 1980. De esta forma, es mucho más probable que las madres den el pecho a sus hijos por sí mismas durante la noche, antes que depender del personal que les da el biberón. En el hospital, te deben ofrecer la posibilidad de llevar el bebé a la sala nido la primera noche, para que puedas descansar del parto. Sin embargo, la mayoría de las madres descubre que, cuando dan a luz, «esa noche de sueño reparador» es sólo una dulce quimera. Puedes darle el pecho y dejar al bebé que mame, y dormitar tú mientras él se alimenta, sin preocuparte por si tu hijo te necesita. Jennifer lo intentó y no se arrepintió: *«A las dos de la madrugada me despertó el ruidito de una nariz, así que me puse las gafas y me llevé el bebé al pecho para que mamara. Estaba relajada porque aquella vez ya tenía experiencia, era veterana en el oficio. El personal no era desconsiderado ni agresivo, simplemente estaba allí para asegurarse de que estuviera bien. El niño y yo nos quedamos dormidos. Me volví a despertar a las seis y vi que me miraba a los ojos en la habitación en penumbra. Me sentí llena de amor por él. Cambiamos de lado y se durmió otra vez.»*

AYUDA PARA DAR EL PECHO

El rechazo del bebé al pecho, y los pechos o pezones dolorosos, son las dos razones más habituales para abandonar la lactancia durante la primera semana. En 1990, el 36 % de las madres informó que tenían problemas con la lactancia mientras estaban en el hospital; el primer problema era conseguir que el bebé mamara y, luego, los pezones dolorosos o agrietados. Sunita pidió la ayuda y los consejos que necesitaba: *«En el hospital, pasé la mayor parte del tiempo con la mano en el timbre para reclamar la atención de las comadronas y asistentes, para pedirles que me ayudaran a colocar a mi hija, Jane. Los pezones me dolieron durante dos semanas; no sé qué me dolía más: la parte posterior o los pezones. El problema era la postura del bebé, pero nadie me indicó la posición correcta, simplemente me la "ponían al pecho" una y otra vez.»*

Durante los primeros días, disponer de ayuda experta y experimentada cuando das el pecho al bebé es crucial para establecer una lactancia indolora y eficaz. Jamie necesitaba ayuda para que Hannah mamara correctamente: «*Era una niña que dormía mucho y había que animarla a mamar. Las enfermeras y las comadronas se portaron maravillosamente. Se quedaban conmigo siempre que hacía falta para que Hannah tomara el pecho de forma correcta.*»

Al principio, tal vez necesites que la comadrona te ayude a llevarte el bebé al pecho.

UN AMBIENTE RELAJADO

A algunas madres, el ambiente del hospital les resulta una dificultad añadida cuando empiezan la lactancia materna. Por lo general, los hospitales no suelen ser sitios en donde haya, o sea fácil de encontrar, paz y tranquilidad. El aprendizaje de una técnica nueva e íntima, como la lactancia, se consigue mejor en un ambiente tranquilo y relajado que permita a la nueva familia conocerse, y donde no exista el «peligro» adicional de que aparezca gente inesperadamente. Sin embargo, otras madres agradecen las 24 horas de ayuda y son reacias a abandonar el hospital. Algunas mujeres necesitan a un especialista que las guíe en su nuevo papel. Tal vez no están preparadas por completo para asumir toda la responsabilidad de la maternidad o no se sienten seguras de su capacidad para arreglárselas «por sí solas».

A Jean le costó dar el pecho la primera vez, en el bullicioso ambiente del hospital de maternidad: «*La señora de la cama de al lado estaba dando el biberón a su segundo hijo, no había cortinas que aislaran las camas y me costaba dar el pecho delante de las visitas masculinas del resto de las madres. En casa fue cien por cien mejor. Gozaba de la paz necesaria para darle el pecho en mi propio dormitorio, y contaba con una gran cama y almohadones confortables.*»

Sin embargo, la experiencia de Sara fue diferente: «*Temía dejar el hospital. ¿Cómo me las iba a arreglar en casa sin el cuidado de los especialistas?*»

Por supuesto, no todas las madres dan a luz en un hospital. Probablemente sea más relajado y tranquilo iniciar la lactancia al pecho en casa, como nos cuenta Ruth: «*Cuando estaba a punto de nacer mi segundo hijo, opté por tenerlo en casa. Tras tres horas de parto, tuve una niña de tres kilos y medio sin necesidad de tomar fármaco alguno. El ambiente era de paz y tranquilidad, y la única comadrona que me asistió me puso al bebé en los brazos, para que yo misma descubriera si era niño o niña. Después de sujetar y cortar el cordón umbilical y de que yo expulsara la placenta, la comadrona salió de la habitación para asearse. Coloqué a la niña al pecho y la amamanté, compartiendo la experiencia a solas con mi marido (nuestro hijo de tres años estaba durmiendo).*

RESEÑA INFORMATIVA

¿Un hospital «amigo de los niños»?

La Baby Friendly Initiative (Iniciativa amiga de los niños), en el Reino Unido, es una sección de la Baby Friendly Hospital Initiative (BFHI) (Iniciativa hospital amigo de los niños), que fue puesta en marcha en 1991 por la Organización Mundial de la Salud y la UNICEF. Hay unos 3.000 hospitales en todo el mundo que han obtenido este distintivo, es decir, que cumplen los criterios establecidos en los diez pasos (descritos al lado) y, hasta el momento, sólo dos de estos hospitales están en el Reino Unido.

La Organización Mundial de la Salud (OMS) calcula que a nivel mundial mueren en torno al millón y medio de bebés al año por no ser criados al pecho. Los problemas más corrientes son la diarrea y las enfermedades respiratorias, mortales en los países en vías de desarrollo, y causa más habitual de hospitalización de recién nacidos en los países avanzados.

La Baby Friendly Initiative del Reino Unido existe para animar a los hospitales e instalaciones sanitarias a que adopten prácticas que impulsen y protejan la lactancia materna en exclusiva desde el nacimiento. Los hospitales con este distintivo están reconocidos internacionalmente por poseer las mejores normas en cuidados a madres lactantes y sus bebés; el principal objetivo es devolver a la lactancia materna su papel como medio más aceptado y corriente de alimentar al bebé.

La BFHI anima a los hospitales a adoptar los principios recogidos en los diez pasos para una lactancia feliz. Estos pasos se encaminan a sustituir ciertas prácticas hospitalarias por un método moderno, basado en las últimas investigaciones científicas. Algunos pasos son fáciles de conseguir, introduciendo cambios insignificantes en la rutina del hospital, y otros ya se practican.

Diez pasos para una lactancia feliz

- **Paso primero**: Disponer de un programa de lactancia materna que se comunicará rutinariamente al personal sanitario.
- **Paso segundo:** Formación del personal sanitario, orientada a cumplir el programa.
- **Paso tercero:** Informar a las mujeres embarazadas de las ventajas y procedimientos de la lactancia materna.
- **Paso cuarto:** Ayudar a las madres a dar el pecho una hora después de haber dado a luz.
- **Paso quinto:** Enseñar a las madres a dar el pecho y a mantener la lactación, incluso si se ven separadas de los recién nacidos.
- **Paso sexto:** No dar a los recién nacidos más alimento o bebida que la leche materna, a menos que esté indicado médicamente.
- **Paso séptimo:** Practicar el alojamiento común, es decir, dejar a las madres que permanezcan con sus hijos las veinticuatro horas del día.
- **Paso octavo:** Animar a dar el pecho cuando sea necesario.
- **Paso noveno:** No dar a los lactantes tetinas artificiales o chupetes.
- **Paso décimo:** Promover la organización de grupos de apoyo a la lactancia materna y remitir a las madres a ellos, al darles el alta en el hospital o clínica.

EL FUERO DE LAS MADRES

La Baby Friendly Initiative del Reino Unido ha publicado el «Fuero de las madres» para proteger los derechos de la lactancia. Ser criado al pecho es el comienzo más sano que puede tener en la vida un recién nacido. El Fuero busca proteger tu derecho a dar el pecho.

A. Dar el pecho al hijo es un derecho natural. El bebé también tiene el derecho natural de ser amamantado.

B. La leche materna está hecha a la medida del bebé. Está preparada específicamente para nutrirlo y no necesita, por lo general, ningún otro aporte de comida o bebida durante su primera infancia.

C. Durante el embarazo tienes que recibir información actualizada sobre los beneficios que tiene dar el pecho en la salud de tu bebé y en la tuya. Se ha demostrado que la lactancia materna en exclusiva, hasta los cuatro meses de edad, proporciona grandes beneficios a la salud de ambos.

D. Tu comadrona debe hablar contigo sobre la lactancia durante la asistencia prenatal. La mayoría de los problemas que surgen durante la lactancia se pueden prevenir fácilmente si recibes de antemano un asesoramiento correcto.

E. Si piensas tener el niño en el hospital, pide una copia del programa de lactancia materna. Tienes que asegurarte de que recibirás ayuda del personal sanitario cuando empieces a dar el pecho.

F. La mayoría de las madres quiere tener al bebé a su lado. El programa hospitalario debe establecer claramente que las madres y los bebés pueden permanecer juntos las 24 horas del día, lo cual se suele llamar «alojamiento común».

G. Tienes derecho a coger al bebé en brazos nada más nacer y ofrecerle esa primera toma tan importante. Es lo que el niño quiere por instinto.

H. El personal sanitario debe aconsejar leche artificial sólo si es estrictamente necesario desde el punto de vista médico. En tales casos tienen que explicarte las razones para este procedimiento, antes de pedirte el consentimiento.

I. Si el bebé y tú tenéis que estar separados en algún momento, cuando sea posible el bebé tomará tu propia leche extraída. Las comadronas te enseñarán a extraer la leche y a mantener el aporte.

J. Al igual que los adultos, los bebés gustan de tomar diferentes cantidades de líquido según el momento. Hay que dejar que los bebés decidan cuándo quieren mamar y durante cuánto tiempo; este tipo de lactancia dirigida por los bebés suele llamarse «lactancia libre».

K. Nunca debe cuestionarse tu derecho a dar el pecho, cuando y donde quieras. Nadie debe hacer que te sientas incómoda por hacer lo mejor para el niño.

Entonces me di un baño con la niña, y ella decidió mamar de nuevo en el ambiente cálido del agua. Me sentía increíblemente unida a mi bebé. Era una hermosa y soleada mañana de verano y los pájaros cantaban. No podía ser mejor.»

Lo que sucede durante los primeros días de la lactancia es muy importante. Durante esta primera semana tanto el bebé como tú tendréis que aprender juntos.

Capítulo 4

De vuelta a casa

HOGAR, DULCE HOGAR

Tras el alta del hospital, la vuelta a casa es el comienzo de una fase nueva para el bebé y para ti. Por lo general, volver a casa es un paso positivo, a pesar de cierto nerviosismo propio del momento en que asumes la responsabilidad de cuidar a tu bebé. Si eres madre primeriza, suele haber varias cosas con las que tendrás que familiarizarte.

Seguramente te aliviará estar en casa, sobre todo si no has encontrado en el hospital un ambiente propicio para iniciar una lactancia relajada. A la mayoría de las madres, la vuelta a casa les supone empezar a conocer a fondo a sus bebés.

Debbie aborrecía el hospital: «*Los consejos contradictorios en cada turno de enfermeras; el antagonismo con otras mujeres (que daban el biberón a sus hijos) a quienes despertaba el mío; las comadronas y enfermeras que metían los dedos en la boca del niño y le daban biberones de agua sin mi permiso y la imposibilidad de sentarme a solas con el niño, cuando lloraba por las noches, porque me exigían que descansara. Me trastornaba y humillaba la falta de competencia y me frustraba no llevar el control de la situación.*»

Una vez en casa, las cosas le fueron mejor a Claudette: «*Nunca me preocupaba por el tiempo ni por la frecuencia con que le daba el pecho, y dejaba que la niña mamase sola en vez de presionarla contra el pecho; simplemente la sostenía en la postura correcta.*»

Sandra descubrió que su casa era el lugar perfecto para disfrutar con el niño: «*La lactancia de mi primer hijo fue maravillosa. Me sentía muy unida a aquel ser diminuto, cuyos ojos trataban de enfocarme con indecisión. No tenía que volver al trabajo hasta al cabo de tres meses, así que el niño y yo nos mimamos el uno al otro durante aquel período.*

Disfrutaba cogiéndolo sin darle tiempo a irritarse; me encantaban los gorgoritos y sorbidos que hacía, y me gustaba la sensación de mecerlo. Lo llevaba siempre conmigo, le daba el pecho cuando lo pedía y no lo dejaba un instante. Esto puede hacerse perfectamente con el primer hijo. Me gustaba echarme en la cama con él y acunarlo con mi esposo. Nos sentíamos tan completos, solos en nuestro pequeño universo...»

Después del parto, es posible que te resulte difícil tranquilizarte y dormir. La emoción, la satisfacción y, posiblemente, el alivio hacen que la mayoría de las mujeres se muestren más sensibles durante los días que siguen al parto. Si a ello se le suma el hecho de estar rodeada por otras madres, la mayoría de las mujeres vuelven al hogar muy cansadas. Lo normal es que vuelvas a casa al cabo de tres días, si fue un parto sin complicaciones, y al cabo de cinco o seis días si el parto fue por cesárea.

AYUDA AFECTIVA Y PRÁCTICA

Las nuevas madres necesitan mucha ayuda afectiva y práctica. Durante los primeros días en casa esta ayuda puede provenir de la pareja, los parientes más cercanos o las amigas.

En una encuesta reciente, realizada a 115 madres norteamericanas, se puso de manifiesto que el 75 % de ellas daban el pecho en exclusiva cuando contaban con la aprobación del compañero, cifra que se reducía a menos del 10 % cuando la pareja se mostraba contraria o indiferente. Por lo tanto, el compañero puede ser decisivo, a pesar de que en una situación tan novedosa le resulte difícil descubrir cuál puede ser su contribución más adecuada. A veces, la pareja se equivoca, como le ocurrió a Lois: *«Peter le dio el biberón la primera noche que pasamos en casa. No me despertó cuando el bebé se puso a llorar, creyendo que necesitaba descansar. Por la mañana tenía los pechos repletos y los conductos bloqueados. Además, estaba muy enfadada y me sentía hinchada. Estaba igualmente resentida con la niña, porque parecía satisfecha con el biberón. Me sentí aún más determinada a no renunciar a darle el pecho.»*

Otras mujeres necesitan la fuerza de voluntad de sus maridos. El marido de Ann-Marie le dio el valor que necesitaba: *«La mayor influencia la ejerció mi marido; sin su apoyo creo que me habría resultado difícil continuar dándole el pecho al niño. Me brindó su apoyo durante mis crisis de falta de confianza y me hizo sentir que confiaba en mí. Habría sido muy distinto que a las dos de la mañana me hubiera sugerido darle un biberón.»*

La actitud positiva y la buena memoria de la pareja se traducen en sugerencias prácticas valiosas, apuntadas en el momento preciso. Bob, el marido de Moira, le recordó lo que necesitaba: «*Cuando me subió la leche, tenía los pechos repletos y la niña no conseguía mamar. Yo estaba muy sensible en aquellos momentos, cansada y frustrada por no ser capaz de alimentar a mi hija hambrienta. Por suerte, mi marido tenía las ideas claras en aquel instante y recordó las clases de la NCT. Me sugirió que probara otra postura o que me diera una ducha para aliviar la presión de los pechos.*»

Algunos hombres proporcionan más ayuda práctica que otros, como el compañero de Lois: «*Peter se convirtió, por aquel entonces, en un experto dando masajes en los pechos. Lo hacía con dedicación y buen humor, sin azorarse, con suavidad y de forma incansable cada tres horas, más o menos, durante tres días. Sin su apoyo estoy segura de que habría tenido mastitis y hubiera tirado la toalla.*»

Según la encuesta, de 1990, de la revista *Infant Feeding*, el 74 % de las mujeres que a las seis semanas seguían amamantando a sus hijos también habían sido criadas al pecho al nacer. Esto sugiere que las mujeres que han dado el pecho a sus hijos pueden ser un ejemplo positivo para las nuevas madres. Las madres y suegras suelen ayudar en casa y dar apoyo después de que nazca el bebé, como le sucedió a Nicola: «*Mi suegra se quedó con nosotros diez días después del parto; había criado al pecho a sus cinco hijos. Fue un gran apoyo moral, y nunca me dio un consejo que yo no le pidiera.*»

Otras parientes o amigas, que ya han tenido la oportunidad de dar el pecho, pueden ofrecerte su ayuda y apoyo moral. A Elaine, la experiencia de su cuñada le resultó muy valiosa: «*Vino a verme cuando mi bebé tenía una semana; Sally estaba dando el pecho a su hijo Liam, de siete meses, y me sugirió que probara una crema de caléndula para aliviar el dolor de los pezones; me la prestó y fue eficaz. También me dijo que podía intentar dar el pecho al niño tumbándome en la cama, lo que me resultó extraño al principio, con la pezonera, pero funcionó. ¡Qué diferencia! Apenas le oía chupar, y en la siguiente toma lo intenté sin la pezonera, cuando se produjo el reflejo de la subida de la leche, y le di el pecho sin notar ningún dolor. Estaba tan aliviada... al fin disfrutaba de la lactancia.*»

A Gail le resultó provechoso hablar con amigas y parientes que habían dado el pecho: «*Me aliviaba saber que otras mujeres que tenían pezones dolorosos habían logrado dar el pecho. Una amiga me enseñó una postura para amamantar que la había ayudado y que, aunque parecía insólita, daba resultado: me inclinaba sobre el bebé y dejaba que el pecho se acercara a su boca.*»

Patricia buscó el consejo de otras madres lactantes: «*Quise asegurarme de que no era raro que las tomas se alargaran, y que se redujeran los intervalos a medida que transcurría el día; así mismo, también variaba casi a diario la duración y el tipo de tomas. Me tranquilizó lo que me dijeron mi cuñada y una amiga, que habían dado el pecho a sus hijos, y las amigas que había hecho en las clases prenatales, que también daban el pecho. El apoyo que nos prestamos, entre las amigas con bebés de la misma edad, facilitó en gran medida los primeros meses de lactancia y maternidad.*»

Aparte de maridos, madres, suegras y amigas, los profesionales sanitarios también están dispuestos a ofrecerte ayuda. En Gran Bretaña, la primera asistente es la comadrona de la comunidad. Dentro de su trabajo se incluye ir a visitarte a casa durante los primeros diez días. Hace algunos años, la comadrona de la comunidad visitaba todos los días a las madres, incluso dos veces si la madre pedía ayuda extra o surgía alguna dificultad. Los últimos recortes en el Servicio Nacional de Salud han supuesto ahora que las visitas sean «selectivas» o «discrecionales». La comadrona irá tres o cuatro veces durante los primeros diez días. Para algunas mujeres es suficiente, pero para otras nada es suficiente cuando se trata de iniciar la lactancia materna.

En muchas zonas existen organismos a los que puedes llamar si necesitas ayuda. La idea consiste en que las comadronas experimentadas se centren en las mujeres que necesitan más ayuda. Esto parece plausible, pero en la práctica es posible que la mujer que necesita ayuda adicional no sea capaz de pedirla. Recuerda que este servicio está para que lo utilices. A la comadrona no le importa que la llames; prefiere ir a verte y no descubrir más tarde que la necesitabas, pero no te atreviste a llamarla.

A veces es bueno pedir ayuda, como descubrió Vanessa: «*Casi a punto de llorar, le pedí a mi marido que llamara a una comadrona que vive a la vuelta de la esquina. Al cabo de unos minutos llegó y su presencia bastó para tranquilizarme. Me observó mientras me llevaba al pecho a Raquel y confirmó la postura. Me pidió permiso para coger y ponerme a Raquel al pecho, y lo oprimió con suavidad para que la leche fluyera. Al final, después de hablar con ella sobre el tema, sugirió que tal vez la niña no tenía hambre. ¡Qué revelación! Me tranquilizó mucho que alguien me dijera que lo hacía bien.*»

Si todo ha ido bien, transcurridos los primeros diez días, la comadrona de la comunidad transfiere el cuidado del hijo a una auxiliar sanitaria. Por lo general, la auxiliar sanitaria irá a verte a casa, te explicará su cometido y te invitará a que

vayas a un «centro de salud infantil» del ayuntamiento o a ver a tu médico de cabecera.

La experiencia de Elaine con la auxiliar sanitaria fue muy positiva: «*Cuando mi auxiliar sanitaria se hizo cargo de mí, el décimo día, seguían doliéndome los pezones; ella parecía preocupada, pero alabó lo bien que lo había hecho hasta el momento. Hizo que me echara en la cama y aireara los pechos durante treinta minutos después de cada toma, con muchas toallas para recoger el abundante aporte de leche que salía cada cinco minutos. Durante los días siguientes, la auxiliar sanitaria me ayudó a dar el pecho correctamente, eliminando de forma gradual las pezoneras y sentándome en la cama con muchos almohadones para sujetar la espalda. Sin su ayuda constante, su apoyo moral y su entusiasmo por continuar con el pecho, probablemente lo hubiera dejado.*»

Durante los primeros días en casa, algunas mujeres buscan consejo en organizaciones como la National Childbirth Trust (NCT) o La Leche League (La Liga de la leche):

«Una vez en casa empezó a dolerme el pezón derecho. La visita de una amiga consejera de lactancia, poner un cojín en el lugar oportuno, sostener al bebé como si fuera un balón de rugby, es decir, más cerca, mejoraron la lactancia y desapareció el dolor.»

«Durante este tiempo, la consejera de lactancia me tranquilizó diciéndome que ya lo hacía bien; escuchar a una especialista me ayudaba mucho. Tenerla al otro lado del teléfono, pendiente de lo que pasaba, realmente me calmó.»

Pero no todas las mujeres son tan afortunadas, algunas se sienten muy solas durante las primeras semanas. Si tu madre se queda a ayudarte después del parto, puede ser que haya diferencias de opinión sobre la forma de «hacer» las cosas. La sensación de aislamiento puede surgir si quieres prodigar a tu hijo ciertas atenciones, que difieren de las que fueron habituales en época de tu madre. La duración de las tomas y qué hacer cuando el bebé llora suelen ser los aspectos más polémicos.

La madre y la suegra de Mary tenían ideas parecidas: «Mi suegra me dijo que debía darle el biberón porque tenía poca leche. Mi madre no pudo aconsejarme porque no había dado el pecho a sus hijos, pero yo sé que ella pensaba que estaba mimando demasiado al niño, por darle el pecho cuando lo pedía y por intentar consolarlo. Creía que estaba malcriado y que había que dejarle llorar. Me ofendió que creyera que el problema fuera fruto de mi incompetencia; a pesar de todo, pienso que yo estaba haciendo lo correcto.»

Isabel soportó una gran presión para cambiar la forma de lactancia: «Mi marido se tuvo que ir al extranjero unos días, y mis padres se quedaron conmigo porque no me sentía capaz de valerme sola día y noche. Mis padres tenían ideas muy estrictas sobre la crianza de los niños: les das el pecho, los pones a dormir y meces la cuna o los paseas con el cochecito hasta que se duermen.»

Es posible que te encuentres ante la disyuntiva de hacer lo que te aconseja tu madre o lo que tú quieres. Depende de la relación que existe entre vosotras pero, con un poco de habilidad, es posible llegar a un entendimiento. Suele solucionar el problema hablar y explicar que no hacer las cosas como ella pretende no significa que estés criticando lo que ha hecho.

También puedes sentirte aislada, si no hay nadie de la familia que pueda ayudarte; tal vez se encuentren lejos o los horarios de trabajo no dejen suficiente tiempo libre o energía para apoyar a la madre y a su nuevo hijo.

Mary se pasó la mayor parte del tiempo sola y le resultó duro: «*Por desgracia no tuve apoyo de la familia, en parte por la lejanía. Por suerte, mi marido era comprensivo pero tenía un horario laboral estricto y su trabajo era muy exigente; así que me pasaba mucho tiempo sola con un bebé muy inquieto y paseaba por casa toda la noche acunándolo, mientras mi marido trabajaba en el turno de noche.*»

Todas las madres deberían recibir ayuda, tanto práctica como afectiva. Una encuesta reciente, realizada en el noreste de Escocia, confirma que muchas madres saben por experiencia que el cansancio y otros problemas físicos o psicológicos son habituales tras el parto. El 59 % de las madres se sentían cansadas cuando el bebé tenía dos meses, y el 61 % dijo que no podía descansar lo necesario. La mitad de las madres creía que no se organizaban bien al encontrarse de nuevo en casa, y la mayoría se sentía igual cuando sus bebés tenían ocho semanas. Las recomendaciones de la encuesta citada incluyen la reorganización de la financiación, para que las comadronas puedan invertir más tiempo en la asistencia posnatal, y la necesidad de personas que ayuden en caso de maternidad. Estas asistentas, que también tendrían la misión de trabajar

como puericultoras, seguirían prestando asistencia y ayuda a las madres una vez que dejaran el hospital. Es un período en el que necesitas ser egoísta y cuidar de ti misma, relajarte y disfrutar del bebé: «la vida normal» ya volverá. Los primeros meses del bebé jamás se repetirán.

UN APORTE DE LECHE ADECUADO

Alguna de las principales preocupaciones durante las primeras semanas y meses de la lactancia son: ¿toma el bebé suficiente leche? o ¿está ganando suficiente peso? Estas inquietudes suelen surgir por la incertidumbre natural que tienes por el bebé, o por la ansiedad que han provocado amigas, familiares inexpertos o algunos profesionales sanitarios que se cuestionan la capacidad de las madres para la lactancia materna, incluso antes de que empiecen.

Beth recuerda sus temores, cuando pesaron a su hija antes de irse del hospital: *«Sabiendo que para poder irnos a casa tenía que pesar no menos del 90 % de su peso al nacer, me sentía muy presionada. Hasta que recuperó el peso que tenía al nacer sentía pánico, cada vez que la comadrona de la comunidad ponía a la niña en la balanza, por si decía que no la estaba alimentando suficientemente.»*

A los 14 días, cuando la auxiliar sanitaria pesó al bebé de Anne-Marie, descubrieron que había perdido peso y estaba por debajo del que tenía al nacer: *«En aquel período necesitaba confianza y apoyo moral, porque en el aspecto técnico me parecía que lo hacía bien. Me sentía muy vulnerable a las críticas y a los comentarios de "¿Por qué no le das un biberón?"; más tarde, descubrí que mi marido había hecho muchos comentarios a mis espaldas sin decírmelo. Busqué apoyo en las mujeres del grupo prenatal –que ya tenían a sus bebés– y en la auxiliar sanitaria, y obtuve el respaldo y la confianza de la consejera de lactancia.»*

Si, desde un principio, no se ha tratado contigo el peso del bebé en relación con la lactancia materna, la visita al centro de salud infantil, donde tanto interés ponen en ello, puede dar sorpresas, como le pasó a Ruth: *«Me preocupé cuando llevé a la niña al centro de salud por primera vez, a los 14 días, y me dijeron que había perdido peso. Estaba convencida de que la báscula estaba estropeada. Después de hablarlo, la auxiliar sanitaria me aconsejó que la despertara cada cinco horas para darle el pecho, ya que no estaba comiendo suficiente con las tetadas actuales. Seguí su consejo y a la semana siguiente había ganado 250 gramos, la báscula funcionaba bien. La auxiliar sanitaria estaba contenta. Nunca más tuve dudas sobre su aumento de peso.»*

LA ROPA Y EL PESO DEL BEBÉ

Como guía aproximativa, los siguientes pesos ayudan a determinar el aumento o pérdida de peso del bebé. Es mejor que tu hijo lleve siempre ropa similar cuando vayas a pesarlo, ya que las diferencias en el peso son muy pequeñas, como se deduce de estos pesos aproximados, y la ropa que lleve puede suponer una gran diferencia. Los pesos de la ropa para un bebé de seis semanas son:

- Un pañal desechable seco: aproximadamente 30 gramos.

- Un pañal desechable mojado: aproximadamente 125 gramos.

- Un pañal de felpa seco: aproximadamente 150 gramos.

- Un pañal de felpa mojado: aproximadamente 300 gramos.

- Ropas habituales de un bebé: una chaquetilla, un pijama de una pieza, una camiseta, un pañal de felpa mojado y pantalones plásticos: 500 gramos aproximadamente.

La lactancia es, hasta cierto punto, un problema de convicción: lo lograrás si tienes confianza. Por desgracia, el problema de los bebés que no ganan suficiente peso en ocasiones se resuelve de forma que la madre pierde confianza y también el aporte de leche.

Anne estaba ansiosa por la primera visita al centro de salud, al que acudió con su marido: *«Don y yo habíamos especulado sobre el peso que Adrian debía haber ganado, pero recuerdo que le dije: "Ojalá no tuviera las piernas tan delgaditas." De hecho, al pesar a Adrian, nos quedamos de piedra al descubrir que había perdido 400 gramos con respecto a su peso al nacer. Una de las auxiliares sanitarias me miró y me preguntó cuántas tomas le daba al día y le dije que cinco o seis. Parecían preocupadas, y me dio la impresión de que pensaban que había descuidado la alimentación del niño a propósito. Incluso dos años después, mientras escribo esto, se me saltan las lágrimas.»*

Heather tuvo una experiencia afortunada, pero preocupante, al principio: *«Siempre era un motivo de preocupación el control de peso semanal en el centro de salud. Después de dos ocasiones en las que ganó poco peso, me dijeron impasibles que Elizabeth no había ganado el peso habitual y que debía considerar la posibilidad de complementar la alimentación con biberones. Sin embargo, dos semanas más tarde, había ganado el doble de peso y superado el aumento "habitual".»*

La definición de lo que se considera un aumento de peso «adecuado» es cuestionable, ya que la mayoría de las tablas de crecimiento casi siempre se basan en bebés criados con biberón durante la década de 1950. El aumento de peso no es el único indicador de la salud de los bebés; si un bebé se muestra despierto, responde a los estímulos y por lo general está contento; si el color de la piel es saludable, ni muy pálida ni grisácea; si hay que cambiarle a menudo los pañales y éstos no «huelen», y si sus deposiciones tienen un color amarillo mostaza, es casi

FICHA DE LACTANCIA

Cómo mejorar el aporte de leche

- Come lo que necesites para satisfacer el hambre durante las veinticuatro horas del día y, si te apetece, un tentempié cuando des el pecho al bebé.

- Bebe hasta apagar la sed, pero no te obligues a beber si no quieres, porque puede reducir el aporte de leche.

- Busca una postura adecuada para el amamantamiento del bebé. Si tienes dolores, solicita ayuda.

- Tómate el tiempo suficiente para satisfacer las necesidades del bebé, en cuanto a la duración de las tomas, teniendo en cuenta el tiempo real que el bebé mama.

- Incluye alguna sesión extra, aunque el bebé no lo pida, para darle el pecho. Tal vez sea una buena idea despertar al bebé por la noche si ya ha dormido mucho tiempo.

- Elimina cualquier otra forma de succión, incluidos chupetes o biberones con zumo o con agua.

- Por el momento no organices ninguna reunión.

- Reduce los quehaceres domésticos y acepta cualquier ayuda práctica.

- No te pongas pezoneras ni le des leche artificial, porque interferirán tu aporte de leche.

- Si tienes más niños recaba ayuda de otras madres o familiares.

- Tal vez tengas que extraer leche de los pechos para aumentar la estimulación. Prueba la extracción dual, es decir, la extracción de ambos pechos a la vez.

- Diversos organismos han publicado folletos sobre la lactancia materna que te pueden resultar útiles.

seguro que está sano. Darle líquidos adicionales puede afectar a la lactancia, tanto física como psicológicamente.

En ocasiones, puede existir una necesidad real de aumentar el aporte de leche. Las medidas que haya que adoptar dependerán de las circunstancias individuales.

El bebé de Suzi se mostraba feliz, contento, pero era muy dormilón y ganaba peso con lentitud: *«Decidí aumentar el número y la duración de las tomas, sin tener en cuenta si el bebé quería o no. Pasamos muchas horas felices y recuerdo aquel tiempo con cariño. Al final empezó a aumentar de peso con rapidez, dejaron de hacerle pruebas y, para mi tranquilidad, fue engordando sin mayores problemas.»*

El niño de Amy apenas aumentaba de peso, se mostraba inquieto, y ella pensó que quizá no tenía la leche suficiente: *«Repasé los libros y folletos; sugerían*

FICHA DE LACTANCIA

Exclusión de biberones complementarios

Si le has estado dando comidas suplementarias o leche artificial y quieres suprimirlas, has de saber que se puede hacer, pero con tiempo.

- Si sólo le das uno o dos biberones pequeños cada 24 horas, sé valiente y elimínalos de golpe. Aumenta el número de tomas y tus pechos producirán más leche como respuesta al aumento de estimulación.

- Repasa con tu consejera de lactancia las posturas para la toma y comprueba que el bebé mame con eficacia.

- Pon en práctica las sugerencias para incrementar el aporte de leche.

- Si le das un biberón adicional en cada toma, necesitarás cierto tiempo para eliminarlos.

- Prueba a darle unos 30 gramos menos en cada biberón.

- Ofrécele el pecho de nuevo después del biberón; esta estimulación adicional aumentará el aporte de leche.

- Elimina un biberón cada vez, empezando por aquel que coincida con una toma en la que tengas leche disponible. Hazlo a lo largo de varios días y date tiempo a que los pechos aumenten el aporte.

- Una vez hayas eliminado con éxito uno de los biberones, emplea la misma estrategia para eliminar los demás. Tómate tiempo y piensa positivamente: puedes conseguirlo.

- Te ayudará contar con la ayuda y el apoyo moral de familiares y amigas, sobre todo si el bebé se muestra malhumorado cuando el aporte de leche no se adapta a sus necesidades.

---

descansar más y olvidarse de los quehaceres domésticos, comer bien y no hacer dieta –cosa que yo había empezado a hacer para perder el peso que había ganado–, y que le diera el pecho más a menudo. Al cabo de unas semanas se mostraba más feliz y empezó a ganar peso.»

La auxiliar sanitaria fue de gran ayuda para Anne y le dio mucha confianza: «Me dijo que había tenido problemas muy parecidos con su primer hijo y que comprendía lo que estaba pasando. Estaba y sigo estando eternamente agradecida a su ayuda en aquel momento. Me indicó que el niño necesitaba leche artificial para recuperar su peso con rapidez. Me animó a continuar con el pecho, aumentar el aporte de leche y abandonar los biberones suplementarios.»

Maggie se culpa por los problemas iniciales que tuvo; sin embargo, buscó ayuda: «Fui un poco tonta: cuando el bebé empezaba a llorar, y aún no habían pasado cinco horas desde la última toma, le ponía un chupete. En una semana perdió 670 gramos y yo casi no tenía leche en los pechos. La auxiliar sanitaria me dijo que había perdido la *leche y que debía darle el biberón. Pero como no me gustaba, fui a ver al médico de cabecera. También me dijo que había perdido la leche y que tendría que darle biberones. Estaba desesperada y lloraba, pero mi marido y yo decidimos darle el biberón. Deseaba a toda costa que fuera una de esas criaturas felices que ves por ahí tomando el pecho. Mi marido me sugirió llamar a La Leche League. Llamé y una mujer maravillosa vino a casa al cabo de 30 minutos. Me enseñó muchas cosas. Me dio la seguridad que me faltaba. Dejé de darle el biberón cuando lloraba y en su lugar le di el pecho. Le di el pecho cada hora durante cuatro días hasta que, de repente, los pechos se dilataron. Había aumentado el aporte de leche (he aprendido que no se pierde, sino que disminuye). Ahora, cuando la gente me dice que le dé biberones suplementarios, llamo a La Leche League y me armo de confianza.»*

A veces, tranquiliza saber que algunos bebés alimentados con leche artificial ganan peso con mucha lentitud y tienen períodos en los que lloran sin explicación posible, como le ocurrió a Linda: «*Estaba muy triste por tener que dejar de darle el pecho, había fracasado y no sabía por qué. A pesar de darle biberones, aumentaba muy poco de peso, por debajo de la mitad de la media. Vomitaba después de la toma, pero me dijeron que era normal. Cinco semanas más tarde seguía sin ganar*

peso; la auxiliar sanitaria estaba preocupada y, por prescripción del médico de cabecera, ingresaron al bebé en el hospital y lo pusieron bajo observación. No estaba enfermo, era muy despierto y tenía interés por lo que ocurría a su alrededor. Al terminar la semana, sólo había ganado 60 gramos. No hallaron nada raro y, después de hacerle distintas pruebas, le dieron de alta. Al cabo de unos dos meses y medio, el aumento de peso empezó a ser normal. No comprendo por qué se da tanta importancia a que ganen peso y no se tienen en cuenta las circunstancias familiares. Gracias a esta experiencia me di cuenta de que ni mi marido ni yo tenemos tendencia a engordar, aunque ambos comemos bastante. Nuestros abuelos mostraban la misma tendencia. La genética o el metabolismo también son factores a tener en cuenta.»

Es importante estudiar individualmente a la madre y al bebé. El aumento de peso no debe ser el único criterio para juzgar el resultado de la lactancia materna.

ESTIRONES DE CRECIMIENTO

Los cambios de comportamiento durante las primeras semanas de vida del bebé no siempre invitan a suponer que no estés produciendo suficiente leche. Tal vez estés temporalmente tensa y no dispongas de leche inmediatamente cuando el bebé comienza a mamar.

Entre la quinta y séptima semana de vida, muchos bebés aumentan de repente la demanda de leche, a lo cual se llama «estirón de crecimiento». Tal vez te pille por sorpresa. El bebé, hasta entonces previsible en su demanda, pedirá de improviso alimentarse con mayor frecuencia. Seguir ofreciéndole el pecho siempre que llore aumentará con rapidez la cantidad de leche disponible, con lo que te adaptarás a sus nuevas necesidades. Introducir leche artificial en este período impedirá que aumente la producción de leche para cubrir las nuevas necesidades del bebé. Entre 24 y 48 horas después, el aporte de leche aumentará y se equiparará al apetito del bebé. Durante una semana, más o menos, seguirá tomando el pecho con ese incremento de ritmo, y luego volverá al ritmo anterior.

La paciencia y la determinación de Elaine por seguir dando el pecho la ayudaron a superar una tensa situación: *«Cuando David tenía cinco o seis semanas, quería comer con mayor frecuencia por la tarde y por la noche. En una ocasión se despertó a las once de la noche, media hora después de haberlo acostado pensando que dormiría tres o cuatro horas. Estaba agotada y harta, y él lloraba y no paraba de moverse; así que le di el pecho otros veinte minutos, pero la situación no hizo sino empeorar. Tenía los pechos vacíos, me dolían los pezones y estaba convencida de que no* me quedaba leche que darle. Mi marido sugirió que le diéramos un biberón, lo cual me habría encantado en ese momento, pero no teníamos ninguno a mano. Nos turnamos dando vueltas por la casa meciendo al bebé, que no paraba de llorar. Se adormilaba diez minutos y si intentábamos acostarlo se despertaba llorando otra vez. Me hice un bocadillo y un té a ver si "producía algo de leche" y media hora más tarde probé a darle el pecho de nuevo. Esta vez tuve éxito. Me relajé y me puse a pensar en la leche y en el niño, lo cual estimuló la subida de la leche, y David mamó durante media hora. Esta experiencia me enseñó que una situación tan frustrante, dolorosa y agotadora podría haberme llevado a darle el biberón, si no hubiera contado con la información adecuada.»

EXCESO DE LECHE

La otra cara de la moneda son las madres y bebés que tienen problemas porque la madre tiene demasiada leche. Esto puede ser igualmente frustrante, sobre todo porque mucha gente no se da cuenta de lo extraño que resulta. Joy tenía un aporte

FICHA DE LACTANCIA

Consejos en caso de aporte excesivo de leche

- Durante los primeros días dale el pecho siempre que lo pida.

- El equilibrio entre el aporte de leche y las necesidades del bebé se establece en unas diez semanas.

- Puede ir bien que le ofrezcas sólo un pecho en cada toma.

- Es muy útil llevar un sujetador de crianza, que permita descubrirse un pecho cada vez. Puedes seguir llevando la almohadilla en uno de los pechos mientras le das el otro.

- Rozar con suavidad la areola con cubitos de hielo envueltos en un paño ayuda a que los pezones sobresalgan del pecho.

- Ponte un paño frío en los pechos.

- Intenta concentrarte en la imagen de la leche: procura conseguir que fluya y quita la leche inicial antes de llevarte el bebé al pecho. Hazlo sin emplear un sacaleches, porque aumentaría la estimulación y la producción de leche.

- Dale el pecho al niño tumbándolo encima de ti. Seguramente tendrás que sostenerle la frente.

- Estáte preparada para limpiar el exceso de leche mientras le das el pecho.

- Mientras el bebé mama de un pecho, es posible recoger la leche que fluye del otro y guardarla para su uso posterior o donarla a un banco de leche.

- Para reducir el flujo de leche, presiona el pecho con suavidad con el interior de la mano.

- Si la leche fluye de ambos pechos cuando no debiera, cruza los brazos y presiona con suavidad hacia dentro.

- Tal vez quieras llevar almohadillas con recubrimiento plástico cuando salgas de casa, con el fin de proteger la ropa. No las lleves todo el rato porque impiden que «respire» la piel y pueden producir dolor.

- Lleva una blusa o camiseta de repuesto por si acaso.

muy abundante y se dio cuenta de que posiblemente tendría que dejar de amamantar: «*Estaba inundada de leche. Creo que la mejor forma de describirlo es decir que era como si cada hora alguien me echara por encima dos vasos de agua caliente. Renuncié al cabo de dos semanas porque no mejoraba. Tenía miedo a salir de casa porque no podía controlar el rezumado de leche.*»

En el caso de otras mujeres, como Evelyn, el flujo de leche no era tan abrumador: «*Era sorprendente tener tanta leche. Durante las cuatro primeras semanas estaba literalmente empapada. Llenaba el congelador con botellas. Pensé que nunca podría salir de casa, porque se me empapaba la ropa cada vez que le daba el pecho. Al final, el problema se solucionó por sí solo.*»

La información práctica alivia muchas veces la situación, como le pasó a Cath: *«Solicité ayuda a las consejeras de lactancia de la localidad que me escucharon y apoyaron. Sugirieron que tratara de extraer un poco de leche inicial, inmediatamente antes de las tomas, para eliminar el primer borbotón. También probé posturas alternativas para amamantar, incluida la de tumbarme hacia arriba con el bebé encima; sin embargo, pasaron casi nueve semanas hasta que el bebé pudo mamar con comodidad.»*

A menudo, durante las primeras semanas hay una abundancia excesiva de leche. Por lo general, la relación entre la cantidad de leche que el bebé necesita y la que producen los pechos se equilibra y ajusta durante las primeras seis o siete semanas, aunque a veces el proceso se alarga hasta las diez semanas. Hay excepciones, por supuesto; pero seguramente descubrirás diversas estrategias para darle el pecho al bebé. Vale la pena recordar que llevar discos absorbentes para el goteo de leche puede empeorar el problema, porque ejercen una presión constante sobre los conductos, lo cual prolonga el rezumado.

INCREMENTAR LA CONFIANZA

Lo ideal es que aprendas poco a poco tu nuevo papel mediante el contacto con tu hijo: acúnalo, báñalo y dale el pecho. A medida que pasen los días te sentirás más cómoda y segura al cuidado de este nuevo ser humano. Sophie describe cómo la lactancia la ayudó a mejorar su confianza como madre: *«Quería cobrar confianza en mí misma y procuraba acostumbrarme a la intensidad y variedad de los sentimientos que me despertaba mi hijo. El amor y la satisfacción eran sustituidos de repente por ahogo e irritabilidad, a lo cual seguían remordimientos por este acto de egoísmo y por querer una vida propia; y, cuando las cosas iban mal, me sentía culpable y afligida. A ojos de los demás estaba haciéndolo a las mil maravillas, pero yo pensaba que estaba fallando y que no lo hacía bien; estaba confundida. Cuando quedó asegurada la lactancia, me di cuenta de que era una de las pocas cosas que hacía bien como madre.»*

Si el afianzamiento natural de tu confianza se ve interrumpido por comentarios desagradables y desalentadores, quizá te sientas desmoralizada. La idea de seguir dando el pecho se puede tambalear, aunque la confianza en tu capacidad no se haya resentido. Por fortuna, también podrás apoyarte en familiares y amigas que te ayuden. Incluso habrá momentos en los que, a pesar de este apoyo, sientas que la suerte no está de tu lado. También te ayudará hablar con tu consejera de lactancia. Ella les ha dado el pecho a sus hijos y se acordará de aquella sensación de pánico cuando todo parece ir mal. Hablar con una consejera de lactancia comprensiva puede ser lo que necesites para pasar el mal trago.

La confianza se considera un ingrediente importante y una ayuda, algo que las mujeres querrían compartir con otras, para que la lactancia materna sea un éxito.

Gemma nos cuenta: *«¡Si se pudiera dar a una madre algo más de confianza! Confianza para que se sintiera relajada y se diese cuenta de que quiere lo mejor para su hijo, confianza para escoger entre todos los "consejos" que le llegarán de todo tipo de fuentes o personas...»*

Jill recuerda: *«Aprendí a relativizar los comentarios de la gente sobre la calidad y cantidad de mi leche. Pero debo decir que tardé ocho o nueve semanas en estar segura de*

que podría dar el pecho. Si algún consejo puedo dar, es éste: CONFÍA EN TI MISMA. El que quiere, puede.»

La experiencia aporta serenidad, como descubrió Melissa: *«Ahora, como mamá y con la experiencia de 16 años en la NCT, confío en hacer las cosas bien, a mi manera. Soy mucho más consciente de la necesidad de comer y beber en abundacia, descansar y dejar que lo demás espere. Un marido amable que crea que "el pecho es lo mejor" facilita las cosas, porque además también él, con la madurez, me ayuda más. Estoy encantada de poder enseñarle a mi hermana mayor que la lactancia materna es buena, normal y posible.»*

La propia confianza aumenta a medida que el bebé crece. Las madres suelen sentirse muy orgullosas y felices por el éxito de la relación establecida con sus bebés durante la lactancia.

Sandra asegura que darle el pecho al bebé fue decisivo: *«Temía el nacimiento de mi tercer hijo. Me disgustaba la idea de tener que cuidar de otro bebé. Pero el amor que ahora le tengo está ligado a haberle dado el pecho. A través de la lactancia creció mi amor por él, pues fui yo quien le suministró cuanto necesitaba. Estaba muy orgullosa de mí misma y de mi querido bebé, a quien di el pecho durante once meses.»*

Pam descubrió que amamantar a su hijo era una experiencia gratificante: *«Cuando el niño cumplió cuatro meses me quedaba mirándolo y pensaba que todo él, todas y cada una de sus células eran producto de mi trabajo, y me invadían el orgullo y la satisfacción. A medida que fue creciendo mi confianza, fue fantástico dejar los libros a un lado y hacer lo que a mí me parecía correcto.»*

Quizás la televisión debería divulgar este sentimiento de felicidad y satisfacción. ¿Es que las mujeres lactantes se muestran reacias a manifestarlo? Dentro de una cultura en la que dar el pecho al bebé en un restaurante puede molestar, tal vez no sea sorprendente que las mujeres que llevan a buen término la lactancia y disfrutan de ella sean reacias a hablar de la satisfacción afectiva que obtienen en la relación con sus bebés.

Algunos consideran la satisfacción de una madre como algo carente de importancia. Sin embargo, según diversos estudios, dicho estado redunda en beneficio de la salud de ambos. Por desgracia, no oímos muchos comentarios sobre los sentimientos de las mujeres que dan el pecho, ni sobre lo valiosa que puede ser la experiencia de la lactancia en su ánimo, así como los beneficios psicológicos y emocionales que obtiene el niño gracias a una madre atenta, solícita y satisfecha que le ofrece el alimento y consuelo de sus pechos.

UN ESTILO DE VIDA FLEXIBLE

Hace unos años se consideraba que los bebés debían alimentarse de acuerdo con un programa que fijaba las tomas cada cuatro horas. Entre las tomas, se animaba a las madres a que siguieran con los quehaceres domésticos. En la actualidad, se recomienda a las mujeres que den el pecho cuando el bebé lo pida. Esto significa que hay que dárselo cuando tenga hambre y no cuando «haya llegado la hora». A esto se le llama lactancia natural o lactancia libre. Durante los primeros días, ofrecerle el pecho siempre que llora facilita que los pechos generen un buen aporte de leche.

FICHA DE LACTANCIA

El nuevo papel de padres

Durante las primeras semanas de lactancia te parecerá que el bebé monopoliza tu vida; no te quedará mucho tiempo ni energías para hacer algo más. Has formado una familia y es importante que te concedas tiempo para ajustarte a ésta.

Los cometidos de tu pareja

• Pídele a tu pareja que se encargue de los visitantes no deseados y de las llamadas telefónicas.

• En los días de buen tiempo, anima a tu pareja a que lleve al bebé de paseo. Durante los meses fríos, una salida con el niño bien abrigado en el cochecito tendrá el mismo efecto: proporcionarte un pequeño respiro.

• En casos extremos, si te vence el sueño, pídele a tu pareja que le dé a última hora de la noche un biberón de leche materna que hayas extraído previamente para poder acostarte temprano.

Tiempo para vosotros

• Tratad de disponer de tiempo para pasarlo juntos. Convertirse en padres implica cambios sustanciales en la consideración que os tenéis el uno al otro. Habrá mucho de qué hablar. Comentad lo que sentís como individuos y como pareja.

• Si queréis salir sin el bebé, concertad los servicios de una canguro en quien podáis confiar. Le podéis dejar un biberón de leche materna extraída o, preferiblemente, darle el pecho al bebé antes de salir y nada más volver.

• Mantened y valorad en su justa medida el sentido del humor.

• Reservaos a intervalos regulares momentos de intimidad y ternura.

Sin embargo, pensar en ello antes del parto puede resultar difícil. Tal vez, la idea de que el niño pida ser alimentado no te satisfaga. Después de todo, muchas parejas pasan el embarazo convencidas de que el nacimiento del bebé no alterará la comodidad de sus vidas. Muchos padres neófitos no quieren alterar sus vidas tan radicalmente por la llegada de un bebé. Preguntas como: ¿Qué frecuencia en las tomas comporta la lactancia libre? ¿Cuándo se dormirá el bebé? ¿Habrá algún momento en que la vida vuelva a la normalidad? pasarán por tu cabeza. Este aspecto del cuidado del bebé supone adentrarse en lo desconocido.

Cada bebé es un ser con necesidades alimentarias específicas, tal y como aprendió Bárbara: «*Nunca sabía cuándo se dormiría o despertaría, ni cuándo querría comer. Al principio me pareció muy difícil. A veces, tenía que dejar una ducha o posponer una carta, no fuera que se despertara; entonces, el bebé dormía una eternidad y yo terminaba por no hacer nada. Con el tiempo me acostumbré a hacer las cosas a rachas y a contar con momentos ocasionales más largos. La lactancia materna supuso una ventaja, porque cuando despertaba podía darle el pecho en seguida y no tenía que andar preparando y esterilizando biberones. Me pasé horas sin cuento dándole el pecho mientras soñaba despierta o leía un libro.*»

A veces cuesta imaginar lo que supone dar el pecho y, como le ocurrió a Evelyn, te costará algún tiempo acostumbrarte: «*Nunca pensé lo que comportaba comprometerse a dar el pecho hasta que lo hice. Si el bebé no sigue un patrón horario concreto, tienes que estar las 24 horas del día dándole el pecho. Cuando llegó la época de las compras de Navidad mi hija tenía tres meses y medio; yo llamaba a casa cada media hora para asegurarme de que no lloraba pidiendo comida. Extraje leche para un biberón por si tenía hambre, pero descubrí que si pasaba fuera más de tres o cuatro horas los pechos se me hinchaban y me hacían sentir incómoda.*»

Ruth recurrió al recuerdo de la lactancia de su primera hija para darse ánimo: «*Durante los tres o cuatro primeros meses de la niña no sabía a qué atenerme con la lactancia, no había dos días iguales. No sabía cuándo dejarla sola ni cuándo querría comer. Incluso sentí rencor por haberme convertido en una máquina de lactar. Estaba cansada hasta la desesperación. Entonces entendí a las mujeres que no quieren dar el pecho. Sin embargo, estaba decidida a continuar; el recuerdo de haberle dado el pecho con éxito a su hermana mayor me animó a seguir.*»

Sally siguió los dictados del bebé: «*Tras las primeras semanas en que casi siempre comía cada tres horas, el patrón horario cambió un poco y a veces comía cada cuatro o cada dos; sin embargo, dejé de mirar el reloj y fui mucho más feliz. Después de todo, no me importaba porque los dos éramos felices.*»

Para mantener el aporte de leche materna hay que estimular los pechos con frecuencia. Por fortuna, los bebés disfrutan cuando toman el pecho, y si dejas que tenga libre acceso a ellos tendrás la seguridad de que encontrará toda la leche que quiera. A veces tomará un «aperitivo», otras querrá pasar más tiempo mamando y tomará tanto la leche inicial como la leche posterior rica en grasas. Lo mismo ocurre con los adultos: a veces nos apetece un bocadillo y otras veces una comida de tres platos. El estómago de los bebés es muy pequeño, por lo que es físicamente imposible que puedan retener gran cantidad de leche. Durante un período de 24 horas, el bebé ingerirá una combinación de tetadas «cortas» y «largas». Él mismo regulará su apetito tomando lo que necesita y cuando lo necesite. A lo largo de las semanas, algunos bebés desarrollan su propio horario de alimentación y aprenderás a reconocerlo al igual que otras mujeres:

«Mi primer hijo tomaba el pecho continuamente, a lo largo de 12 horas, y luego dormía toda la noche, desde una edad muy temprana. Mi segundo hijo tomaba el pecho con tal rapidez y frecuencia (más o menos cada cuatro horas) que llegué a pensar que le pasaba algo. El tercero se pareció al segundo.»

«Alex tomaba el pecho con frecuencia y resultaba más fácil dárselo que buscar métodos alternativos de distracción. En torno a las seis semanas, me visitó una amiga con su primer bebé, nacido pocos días antes. Mientras yo tuve que darle el pecho tres veces, ella sólo lo hizo una vez.»

Son pocos los bebés que siguen un horario preciso, del que la madre se pueda fiar. Esto significa que cada día puede ser diferente. Un día, el bebé tal vez necesite más alimento y cuidados que el anterior, así que, si esperas que sea el mismo hoy que ayer, te llevarás una sorpresa.

Puede haber períodos del día en que parece que el bebé no sabe lo que quiere y, aunque pruebes distintas estrategias para reconfortarlo, no sirven para nada. Éstas son las frustraciones que experimentarás como madre los primeros días, mientras aprendéis a comprenderos el uno al otro. Pero, a medida que pasan los días y las semanas, la mayoría de las madres interpretan con precisión los lloros de los bebés.

La lactancia libre puede funcionar también en sentido contrario. Puedes animar al bebé a tomar el pecho aunque no lo haya pedido. O bien, si quieres dejar un rato al bebé o ir a alguna parte donde no consideres adecuado dar el pecho, puedes ofrecérselo para que quede satisfecho antes de irte.

LA LACTANCIA Y EL RÉGIMEN DE SUEÑO

Los bebés pequeños no distinguen entre el día y la noche. En el útero no hay día o noche. Muchas embarazadas notan al feto más activo cuando se acuestan. Por tanto, la alimentación constituye para el bebé una necesidad a cubrir siempre que haga falta, sin importar la hora.

Cuando el aporte de leche se adapte a las necesidades del bebé, los pechos te molestarán si él no se alimenta. La hormona prolactina, que produce la leche, se encuentra en la corriente sanguínea en grandes cantidades por la noche, y las tomas nocturnas son buenas para favorecer y mantener un buen aporte de leche.

Si respondes con rapidez a los lloros del bebé y lo tienes cerca de ti, podrá alimentarse sin la más mínima perturbación. Gradualmente se irá dando cuenta de lo que haces y aprenderá que la noche está hecha para descansar. El horario y la frecuencia de las tomas durante la noche dependen de cada bebé.

Algunas madres descubren que sus bebés duermen durante toda la noche desde pequeños: *«A partir de las cuatro semanas durmió durante toda la noche, desde las once hasta las seis de la madrugada, y ese período se fue alargando gradualmente.»*

Sin embargo, como le ocurrió a Helen, un bebé que duerme de noche también puede causar problemas: *«En torno a los ocho meses era más fácil acostarlo, aunque seguía tomando el pecho con bastante frecuencia, por lo general cada dos horas. Aunque la última toma era hacia las ocho de la tarde, antes de las once yo ya empezaba a sentirme llena e incómoda, y antes de irme a la cama sacaba al niño de la cuna, lo alimentaba y lo acostaba de nuevo. Era como si no se hubiera despertado.»*

A algunos bebés les cuesta más establecer una distinción clara entre los hábitos diurnos y nocturnos, como en el caso de Elaine: *«David seguía tomando el pecho con frecuencia durante la noche, y me habría preocupado si no hubiera contado con Jenny como modelo. Su bebé mamaba durante toda la noche y no le perjudicaba.»*

Levantarse constantemente por la noche es muy cansado y en ocasiones molesto y agotador. Algunas parejas lo aceptan con facilidad y ajustan el horario para reducir el cansancio, por ejemplo, yendo a acostarse más temprano o haciendo la siesta durante el día.

Algunos padres creen que la razón de despertarse por la noche está intrínsecamente unida a la forma de alimentación del bebé. La verdad es que la leche materna se digiere con mayor facilidad que la leche artificial y, por tanto, algunos bebés criados al pecho reclaman alimento con mayor frecuencia.

Jane se dio cuenta de ello demasiado tarde: «*No sabía que la leche materna se digiere con mayor rapidez que la de biberón y que, con ésta, es más probable que el bebé duerma toda la noche. Me sacaba de quicio tener que levantarme, aunque fuera una vez, sin saber cuánto tiempo pasaría hasta que volvieran a despertarme los lloros de la criatura. Me sentía encadenada al bebé y a mis pechos. No podíamos estar más de tres horas separados.*»

Los bebés alimentados con leche artificial tal vez dejen pasar más tiempo entre las tomas, pero no se puede asegurar que un bebé cambie automáticamente sus necesidades alimentarias si se le deja de dar el pecho. Algunas madres les dan leche artificial con la esperanza de que tarden más en volver a pedir y puedan dormir mejor. A veces, el estómago del bebé no se acostumbra a la composición de las primeras tomas de leche artificial. A menudo, es necesario aumentar la cantidad para mantener su efecto. En algunos casos, darle leche artificial suplementaria no modifica en absoluto los hábitos de sueño del bebé, y en otros altera su estómago y comporta mayores trastornos durante la noche. No hay garantías de que la leche artificial modifique los hábitos del bebé, aunque Colette reconozca que estuvo tentada a ello: «*Mediante la observación, supongo que poco científica, de amigas y conocidas con bebés, estoy convencida de que los bebés criados con biberón duermen mejor. Hay, por supuesto, bebés criados con biberón que duermen mal, pero casi todos los que duermen bien toman biberón. Se dice que la leche artificial es más difícil de digerir que la leche materna, por lo cual pasa más tiempo entre toma y toma, aunque las consejeras de lactancia arguyen que la leche materna es mucho mejor que la leche artificial y que las interrupciones nocturnas valen la pena. Después de ocho meses soportando dichas interrupciones, sigo sin estar convencida.*»

APRENDER A VIVIR CON HORARIOS FLEXIBLES

Uno de los desafíos que plantea el ser padre es ajustarse a los cambios de los niños al crecer y desarrollarse, aparte de cómo se alimenten. A veces, la gente lleva una vida muy reglada antes de convertirse en padres y no les resulta fácil adaptarse a la naturaleza flexible de los bebés.

Quizás el cambio más difícil de aceptar sea la sensación de haber perdido el control de lo que sucederá durante el día. Muchos adultos se afanan en «controlar» sus vidas, pensando quizás que éste es el camino para alcanzar el éxito. Por su parte, los bebés no tienen control sobre nada. Simplemente manifiestan sus necesidades tal y como aparecen, y a veces lo hacen de forma muy ruidosa. Mientras cuidas del bebé, seguramente te preguntarás cuándo volverás a «controlar» tu vida y la suya.

Los padres con niños mayores reconocen que sus hijos son seres independientes. Saben por experiencia que no «tienen control» sobre ellos. Resultaría más fácil admitir, tan pronto nace el niño, que los padres no tienen que «controlarlo». Aceptar este hecho evitaría muchos disgustos y batallas a los padres que quieren imponer al niño una rutina antes de que sea posible o apropiado hacerlo.

Sunita afirma que tener hijos le ha enseñado mucho sobre psicología básica: *«Después de todo, ¿quién dice que los bebés y los niños pequeños no necesitan comer por la noche? ¿Acaso tenemos una percepción telepática de lo que nuestros hijos necesitan? ¿Somos nosotros quienes dictamos el comportamiento de los hijos o hemos de permitir que tengan juicio propio? Seguro que son ellos quienes saben mejor lo que necesitan, y una necesidad satisfecha es una necesidad que desaparece. Los niños son pequeños durante un período tan corto de nuestra vida, que creo que debemos satisfacer sus necesidades.»*

Aprender a conocer a tu hijo e intentar responder a sus necesidades, sin pretender imponer una rutina o controlarlo todo, puede ser una experiencia divertida y satisfactoria, como dice Carly: *«Soy adicta a la lactancia. Al término de un largo día (¡algunos son tan largos!), la niña se calma en mis brazos, cierra los ojos, quedando apacible y satisfecha. Yo le acaricio la frente, las mejillas suaves y regordetas y pienso que la simbiosis que hemos alcanzado es la experiencia definitoria de la lactancia.»*

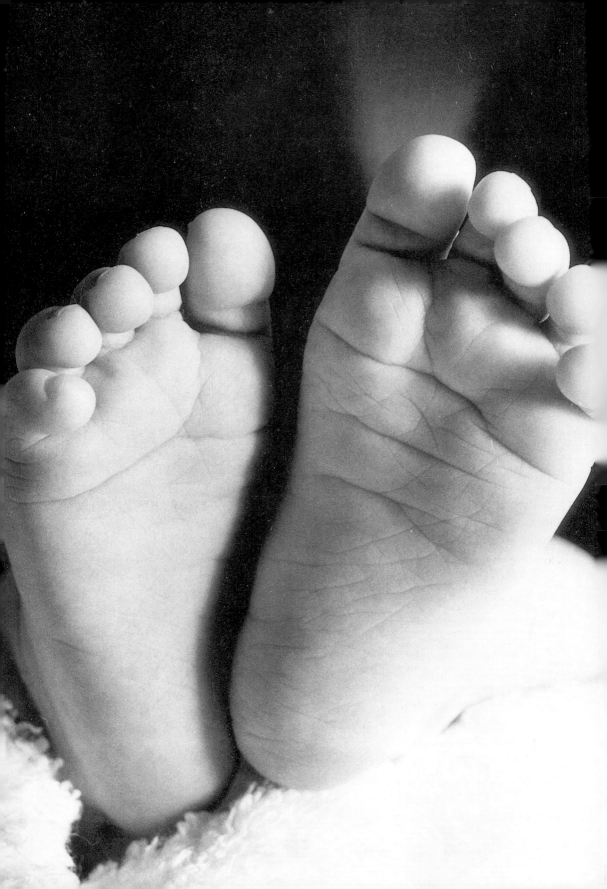

Capítulo 5

Caminar con paso seguro

TU VIDA CON EL BEBÉ

Una vez pasadas las semanas iniciales aprendiendo a dar el pecho, la mayoría de las madres quiere volver a llevar una vida de apariencia «normal». Esto significa acostumbrarse a dar el pecho, sin apuros, delante de desconocidos y también fuera de casa. Pero a algunas mujeres les resulta molesto dar el pecho en su propia casa, delante de las visitas.

A Judy la dejó confundida lo embarazoso que esto puede resultar a otras personas: *«La comida se estaba cociendo a fuego lento y había que removerla de vez en cuando. Mi bebé pidió de comer y le ofrecí el pecho. En aquel momento, los invitados empezaron a apartar la vista, mirando hacia otra parte, y su alivio fue grande cuando se dieron cuenta de que podían salir al jardín. Mi marido se quedó perplejo preguntándose qué habría provocado la estampida. Me quedé sola, sin poder hablar con nadie, y a cargo de la comida a punto de quemarse. El niño tiene frenillo en la lengua y, aunque podía mamar, no era capaz de succionar. El más ligero movimiento habría hecho que dejara el pecho y se interrumpiera su plácida comida. Por fin, volvió mi hijo mayor a ver si todo iba bien. Yo estaba muy irritada por la situación y le pedí que fuera a buscar a su padre para que se hiciera cargo de la comida. La situación era absurda: mis familiares estaban en el jardín, yo dentro dando el pecho y mi marido cocinando. Cuando terminé de amamantarlo, puse al niño en la cama. En cuanto mis parientes se dieron cuenta de que me había cubierto, volvieron en fila a casa y se sentaron en los sofás.»*

A algunas mujeres les preocupan dos cosas principalmente. Primero: *«¿Podré hacerlo?»*, o dicho de otro modo, *«¿Seré capaz de descubrir los pechos en público?»*. Y segundo: *«¿Cómo reaccionará la gente?»*, es decir, *«¿Pasaré por alguna situación embarazosa?»*.

A Lesley, le preocupaba dar el pecho en público: «*Me ayudó relacionarme con mujeres del grupo de la NCT, que también daban el pecho a sus hijos, ya que las primeras experiencias fueron positivas y relajadas. Cuando me aventuré a salir al mundo con la niña, no hubo problema y, aunque la discreción siempre había sido mi divisa, bajo ningún concepto la iba a amamantar en los lavabos de las tiendas. Observé las tiendas que tenían instalaciones apropiadas y organizaba las expediciones de compra allí.*»

Cuando llegó el momento de amamantar al bebé delante de alguien, Angela se sintió cohibida: «*Sin embargo, de alguna manera, esperaba estar ayudando a romper las barreras a otras madres: cuantas más mujeres se vieran dando el pecho en público, más se aceptaría la lactancia materna, siempre y cuando fueran sensibles a los sentimientos ajenos. Quizá también me sentía orgullosa de mis pechos.*»

A veces, los miembros mayores de la familia o los viejos amigos te pueden ayudar a adquirir confianza para dar el pecho fuera de casa. Éste fue el caso de Tracy, y ella estaba encantada: «*Fui a ver a mis abuelos políticos con mi primer hijo, cuando tenía unas seis semanas; se horrorizaron cuando mi marido sugirió que le diera el pecho arriba. Me alegré de que me brindaran semejante apoyo. (Ambos tienen más de ochenta años.)*»

Por desgracia, no todos los abuelos prestan este tipo de ayuda, como le ocurrió a Zoë: «*Durante las tomas de Katy, yo debía ir arriba y evitarle al abuelo semejante aprieto; pero, como Katy tomaba con frecuencia el pecho por la tarde, me quedaba sola arriba y me sentía estigmatizada. Al final llegamos a un acuerdo: podía quedarme en el salón, pero ¡con la silla de cara a la pared! No es extraño que todavía hoy esté resentida.*»

Es probable también que amamantar a tu hijo fuera de casa no te produzca ansiedad. Una vez has conseguido darle el pecho con éxito, resulta penoso no responder a los lloros del bebé cuando pide comida. Entonces experimentas la sensación asociada a la subida de la leche. Se trata de una acción refleja, un medio eficaz de que la leche esté disponible para el bebé. Los lloros del bebé desencadenan el reflejo, poniendo a su disposición la leche. Sabiendo que puedes calmar al bebé fácilmente y con rapidez, es probable que quieras dar el pecho cuando estés fuera, a pesar de tus temores previos. Como todas las madres saben, es más probable que la gente se fije en un niño que llora que en otro que disfruta comiendo.

Kath siempre fue una lactante muy reservada: «*Son pocas mis experiencias fuera de casa: una vez, en el vestíbulo de una estación de servicio de la autopista (no podía permitirme comer en el restaurante y nadie nos pidió que nos fuéramos de allí), y otra en un campo de Dorset después de asistir a una prueba deportiva. Pocas veces daba el pecho lejos de casa a no ser que estuviera en la de alguien. Nadie me sugirió nunca que lo dejara o que me fuera a otra parte, ni siquiera en casas donde no hubieran dado el pecho. Me habría mortificado mucho. Solía plantearme lo que haría si alguien me pedía que me fuese. ¿Qué haría? Nada, porque nadie se quedó mirando, ni hizo gestos de desaprobación ni se quejó. Lo cual me hace reparar en que hay muchos niños criados al pecho por ahí, pero como es sencillo, discreto y tranquilo nadie se da cuenta.»*

En el caso de madres con mellizos, dar el pecho con discreción no suele ser fácil, como Ella nos describe: *«A continuación, vino el salir fuera de casa (no puedes convertirte en ermitaña por haber tenido mellizos). Los amigos nos invitaban a comer y yo pedía un sofá disponible con dos almohadones. Solía ser, más o menos, así: "Hola, cómo estás; ¿dónde está el sofá, no te importa, verdad?" Arriba el jersey y los pechos fuera. No había forma de aparentar modestia o discreción hasta que los bebés*

empezaban a mamar y me bajaba un poco el jersey. Las compras las programaba entre toma y toma; no hay muchos sitios donde puedas dar el pecho a dos mellizos en público, a menos que los amamantara por separado, pero entonces saldrían de la rutina el resto del día. Nos fuimos de vacaciones, pero los horarios de vuelo no siempre coincidían con los de los bebés, por lo que hubo que introducir un biberón durante el día. Tuvimos que hacer juegos malabares con ellos durante las horas de vuelo (los mellizos tenían seis meses). Luego alquilamos una furgoneta, con un buen asiento trasero, donde me ponía cómoda, y así pasamos las vacaciones.»

Muchas madres descubren que pueden dar el pecho donde quieran sin que les resulte un problema. Lo único imprescindible es tener confianza, según el testimonio de todas ellas:

Colette piensa que su desenvoltura tiene algo que ver con la edad, pues la madurez le ha dado confianza: *«En la zona de Aberdeen hay muy pocas instalaciones públicas donde puedas dar el pecho, y amamantaba a Francis en el coche, en parques y restaurantes, o donde fuera. No encontré oposición. Incluso le di el pecho durante el despegue en un vuelo a Londres y también en un tren. Me di cuenta de que la mayoría de la gente prefiere ver a un bebé alimentándose a oírle llorar hasta tener la cabeza como un bombo. Algunos (en su mayoría hombres) apartaban la mirada cuando me veían llevarme a Francis al pecho, pero no les culpo por ello porque a veces es difícil saber qué hacer en una situación así. En esta época hay tan pocas mujeres que den el pecho en público, que no es sorprendente (aunque sí deplorable) que la gente se quede perpleja.»*

Louise y su marido se cuestionaron si era correcto dar el pecho en público; Louise sugiere: *«Mi único consejo es que no preguntéis; la única vez que pregunté si podía darle el pecho me dijeron que no. A mi marido y a mí nos gusta mucho andar, y en esos casos la lactancia al pecho resulta perfecta. He dado el pecho en la zona de Saddleworth en muchas ocasiones.»*

A Sheila le resultó fácil dar el pecho en público: *«Amamantaba a Helen en todas partes, de pie en un aparcamiento, en cafés, en aeropuertos, en el autobús y en un banco de High Street. Siempre con discreción y llevando camiseta en vez de blusa con botones. A menudo estaba hablando con alguien, que de pronto se daba cuenta de que le estaba dando el pecho a la niña. A partir de los siete meses, Helen abultaba demasiado para hacerlo discretamente y con comodidad, pero entonces ya no era problema, porque pocas veces salía de casa cuando tenía que darle el pecho.»*

El testimonio de Jillian es de los que infunden ánimos: *«Me gustaría decirle a otras madres que no tengan miedo de dar el pecho a sus bebés en público, porque puede*

hacerse con discreción. Sal, siempre que puedas, mientras el bebé sólo necesite leche, pues resulta más difícil y complicado cuando lo estás destetando. He dado el pecho en todo tipo de sitios. Nunca he pedido permiso y jamás me he sentado a amamantarlo en una "sala para madres" o en el lavabo, ya que no considero que dar el pecho a mi hijo sea una actividad que haya que ocultar. La reacción de la gente (cuando la había) siempre ha sido neutra o positiva.»

Es posible dar el pecho en cualquier parte, como comprobó Moira: *«Ni siquiera recuerdo haber pensado: "No, aquí no." No era militante de ninguna causa ni estaba dando el pecho para demostrar algo. Nunca me hallé en una situación en la que no pudiera amamantarlo con discreción; simplemente le daba el pecho allí donde estuviera. La única vez que recurrí a una instalación aislada fue en Mothercare y en Boots, yendo de compras, con mucho frío. Cuando hacía buen tiempo le daba el pecho al niño al aire libre, en el banco de un área peatonal hablando con una amiga, y no creo que nadie excepto ella se diera cuenta. He dado el pecho en parques, en bancos, en restaurantes del país y del extranjero, en el salón de un transbordador en el canal de la Mancha, en un avión y en un bosque. Incluso he dado el pecho, en más de una ocasión, impartiendo clase. Lo he amamantado también en el hospital, en una camilla de ruedas mientras esperaba un escáner. Y nunca me he sentido ni me han hecho sentir incómoda.»*

La reacción de la gente que ve dar el pecho en público puede ser interesante. Mostrar los pechos como objeto sexual de deseo y excitación se considera normal, mientras que a una madre que daba discretamente el pecho al niño le pidieron que saliera del supermercado de su localidad. Realmente extraño.

Durante una charla en la Conferencia anual de la NCT, en 1995, Elizabeth Bradley, psiquiatra y psicoanalista infantil de la Tavistock Clinic de Londres, sugirió que la gente que manifiesta reacciones negativas hacia las mujeres que dan el pecho puede reaccionar así porque afloran en ellos recuerdos inconscientes de una relación de lactancia insatisfactoria con su madre. Por consiguiente, tal vez sean insensibles a las necesidades del bebé y al bienestar que dan los pechos de la madre. Por el contrario, las personas que se sienten a gusto viendo un bebé al pecho de su madre son conscientes de las necesidades del bebé y posiblemente recuerdan su propia experiencia con la lactancia.

¿Es correcto que una mujer lactante tenga que aguantar las reacciones de los demás por dar el pecho al bebé? En una ocasión, durante el debate en una clase prenatal, se sugirió que podríamos encontrarnos con reacciones contrarias al dar el pecho en lugares públicos. Un joven afirmó categóricamente que los sentimientos de los demás no le incumbían; aquello era problema suyo y nadie iba a influir en la forma en que él y su pareja alimentaran al bebé. Por fortuna, su confianza les permitió gozar de una experiencia muy positiva de la lactancia materna.

Los bebés criados al pecho son muy fáciles de trasladar, porque sus requisitos nutricionales están disponibles a todas horas, siempre y cuando no estén lejos de sus madres.

Lois descubrió lo fácil que es viajar con un bebé criado al pecho: «*Me llevé a mi hija a varias fiestas y actos sociales, y pude darle el pecho sin ser objeto de miradas o comentarios contrarios. En una ocasión, una persona no podía creer que estuviera dándole el pecho, porque éramos muy discretas y mi hija estaba tan quieta y tan plácida que parecía dormida en mis brazos.*

Cuando nuestra hija tenía nueve meses, mi marido y yo nos fuimos a dar la vuelta al mundo durante cuatro semanas. El hecho de que siguiera dándole el pecho tuvo varias ventajas. A veces se mostraba intranquila durante el viaje, debido al frecuente cambio de husos horarios y porque dormía en cunas diferentes; sin embargo, llevármela al pecho era la forma más eficaz de aquietarla y transmitirle seguridad. Desde el punto de vista práctico, al darle el pecho no tenía que preocuparme de llevar leche artificial ni de esterilizar biberones o buscar agua esterilizada. El viaje reforzó mi creencia en el efecto positivo de la lactancia materna. Muchas mujeres se muestran precavidas a la hora de dar el pecho en público y esperan encontrar actitudes hostiles, lo cual es triste porque, para que la lactancia materna llegue a considerarse "normal", tiene que manifestarse con mayor frecuencia en público.»

Algunas mujeres, como Brenda, aunque su confianza va en aumento a medida que el bebé crece, nunca llegan a sentirse bien dando el pecho «en cualquier parte»: *«Al principio, sólo daba el pecho delante de hombres si eran de la familia o si también eran padres, pero a medida que pasó el tiempo aprendí a relajarme más en público. Antes de ir a algún sitio comprobaba si permitían dar el pecho. Me iba al baño o a una habitación vacía siempre que era posible.»*

Aunque durante los últimos años ha aumentado el número de instalaciones para dar el pecho en lugares públicos, todavía queda mucho por hacer. Algunas autoridades públicas, locales o sanitarias, están dando un ejemplo positivo al dejar claro que en sus centros se permite dar el pecho.

Para animar y ayudar a las mujeres a que den el pecho, durante el tiempo que quieran, tiene que existir mayor concienciación sobre el valor de la lactancia materna, y hay que aumentar el número de instalaciones en lugares públicos para las mujeres que quieran dar el pecho a sus hijos en privado. En 1985 se creó el símbolo de la National Baby Care (Asistencia nacional al bebé) para fomentar la creación de instalaciones en lugares públicos donde dar el pecho o cambiar a los bebés. En Gran Bretaña, este símbolo significa que es posible disponer de una habitación para madres y bebés con los requisitos imprescindibles de higiene, temperatura e intimidad.

LACTANCIA Y RELACIONES SEXUALES

La confusión general que existe, entre los pechos considerados como órganos nutricios o como objetos sexuales, puede interferir la relación con tu pareja que, si bien estaba ya establecida, ha de ser reconsiderada. ¿Interfiere la lactancia materna en las relaciones sexuales? es una pregunta que muchos nuevos padres se plantean.

Dar a luz es una experiencia física y emocional muy intensa, y la crianza de un bebé suele ser absorbente. Son muchas las razones por las que el embarazo, el parto y la crianza del bebé interrumpen las relaciones sexuales de la pareja. No importa cuántos libros leas o a cuántas clases vayas, nunca estarás totalmente preparada para los cambios que el bebé comporta. A lo largo de esta experiencia tendrás que remodelar las relaciones sexuales, de acuerdo con una serie de circunstancias siempre cambiantes.

A veces, aunque no se admite abiertamente en nuestra sociedad, a algunos hombres sus mujeres les resultan muy atractivas cuando están dando el pecho. Esto se debe al aumento del tamaño de los pechos o a una satisfacción emocional más profunda.

Lynn explica que las relaciones sexuales con su marido se hicieron más profundas: «*A mi marido le resultaban muy atractivos mis pechos después del nacimiento de nuestra hija, sobre todo los pezones. Le parecía que eran más grandes (o más prominentes), porque la lactancia los había ablandado y despuntaban. Los pezones se volvieron más sensibles y me gustaba mucho más que los tocara cuando hacíamos el amor. También perdí parte de mis inhibiciones cuando me tocaba los pechos, ya que me sentía más a gusto con mi cuerpo gracias a la lactancia. El rezumado de leche se convirtió más en un juego que en un engorro y nos divertía poner una toalla debajo.*

Creo que compartir la experiencia del parto y contar con la ayuda de mi marido durante la lactancia me permitió disfrutar de mi cuerpo y compartirlo más con él cuando hacíamos el amor. El cansancio y las noches sin dormir fueron mucho más perjudiciales para nuestra vida sexual que la lactancia.»

Algunas mujeres, como Sharon, tienen la abrumadora sensación de que tras el parto y la maternidad todo ha cambiado, lo que comporta un aumento de la propia confianza: *«Antes de criar a mi hijo, era consciente de mis pechos, de mi figura y peso, y estaba obsesionada por tener éxito en el trabajo, es decir, me encontraba casi rozando la perfección. Ahora, después de la lactancia, me siento muy a gusto con mi peso y mi figura: aunque peso siete kilos y medio de más, tengo una seguridad que nunca había tenido antes.»*

Durante los primeros meses de vida del bebé es probable que tu pareja y tú os sintáis agotados física y emocionalmente, y que entonces dormir os parezca la cosa más necesaria. Se puede decir que vuestro apetito sexual se ve sublimado temporalmente por otras actividades. Cuando empecéis a hacer el amor de nuevo, tras el parto, surgirán otras irritantes dificultades que habréis de superar juntos, como nos cuenta Colette: *«Los pechos se me hinchaban con frecuencia y no aguantaba que mi marido me tocara. También descubrí muy tarde (el bebé tenía unos siete meses) que la lactancia materna tiende a inhibir las secreciones vaginales, presumiblemente porque inhibe la ovulación y la producción de estrógeno, lo cual hace que las relaciones sexuales sean molestas y dolorosas. Estaba muy preocupada por aquello y soñaba que me habían cosido los puntos de sutura con mucha tirantez después del parto, o algo parecido. Ojalá la NCT me hubiera prevenido.»*

La hormona responsable de la iniciación del aporte de leche a los pechos, la oxitocina, también interviene en el orgasmo, por lo que, si antes de hacer el amor das el pecho al bebé, te evitarás posiblemente una ducha de leche.

O bien actúa como hizo Linda: *«Las relaciones sexuales fueron más satisfactorias para ambos después del nacimiento de nuestro hijo, aunque mi marido no me tocó los pechos hasta unos doce meses después del parto, cuando dejaron de rezumar leche a pesar de que todavía estaba amamantando. Llevar un sujetador con almohadillas me ayudaba a evitar el rezumado de leche cuando mi marido me acariciaba los pechos.»*

Si ambos compartís vuestros sentimientos, positivos y negativos, hay muchas más probabilidades de que la relación se mantenga sana y sea emocionalmente provechosa para ambos. Por desgracia, a veces, la llegada de un niño provoca que salgan a la superficie problemas latentes de la relación. En estas circunstancias sería aconsejable buscar la ayuda de un especialista, que os permita tratar juntos y a fondo los motivos de preocupación.

La mayoría de las parejas colaboran a la continuidad de las relaciones sexuales. Por suerte, disfrutarás haciéndolo; quizás sea un buen momento para explorar nuevas áreas de estimulación y placer.

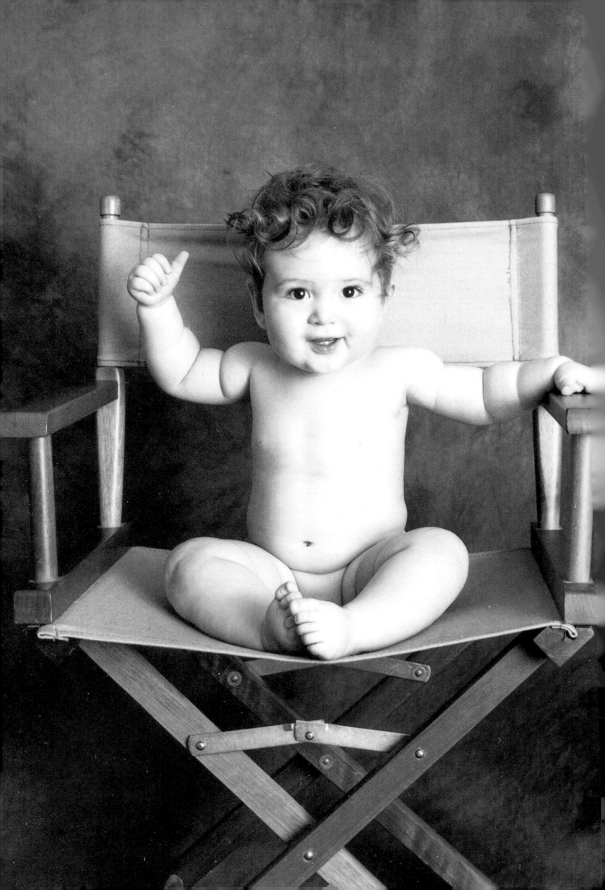

Capítulo 6

El lactante se va independizando

Hacia los seis meses (antes con algunos bebés y más tarde con otros), puedes comenzar a introducir alimentos distintos a la leche materna en la dieta del bebé. Se trata de una experiencia nueva para el niño, y representa un alejamiento de esa actividad tan segura, natural y agradable que supone que la madre lo coja en brazos y lo acune mientras se alimenta.

INTRODUCCIÓN DE OTROS ALIMENTOS

La introducción de otros alimentos significa el final de la dependencia total del bebé. Las mujeres reaccionan de diferente forma. Algunas agradecen llegar a esta etapa; otras se entristecen al ver que sus bebés comienzan a independizarse. Es interesante el caso de algunas madres que retrasan la introducción de otros alimentos con su segundo hijo, porque no quieren animarlo a crecer demasiado pronto y tampoco sobrellevar los quehaceres adicionales.

Las primeras reacciones del bebé quizá no sean muy positivas. En vez del agradable calor de un pecho maleable, el niño debe acostumbrarse al tacto duro y a veces frío de la cuchara, que primero le toca los labios y luego se mete en la boca. La clave es hacerlo con dulzura y de forma gradual. No hay prisa; la leche materna seguirá siendo aún el alimento más valioso durante bastante tiempo.

Irene comenzó a dar al bebé alimentos sólidos de forma gradual, cuando tenía cuatro meses y medio, y no tuvo problemas: «*Las cosas iban cada vez mejor. Cuando empezó a comer sólido, tres veces al día, seguí dándole el pecho de seis a ocho veces diarias. Al cumplir el año, lo reduje lentamente a cuatro o seis veces, y más tarde, a tres o cuatro.*»

La experiencia de Sandy fue parecida: «*Empecé a destetar a Linda cuando tenía unos cinco meses. Fue un proceso gradual; comía muy bien alimentos sólidos. A medida que fue comiendo más, redujo proporcionalmente las tomas. Era un proceso natural dirigido por ella. Al cumplir el año, la niña sólo tomaba el pecho al despertarse y antes de dormir.*»

Los bebés son incapaces de digerir sustancias alimenticias complejas. El Departamento de Salud de Gran Bretaña recomienda la lactancia materna exclusiva durante al menos los primeros cuatro meses de vida. En el caso de bebés potencialmente alérgicos, lo mejor es esperar hasta los seis meses –en la medida de lo posible– antes de introducir alimentos sólidos. La capacidad de los bebés para digerir y asimilar otros alimentos está determinada por la madurez del intestino, es decir, por la edad del bebé y no por el peso o las horas que duerma. A medida que el intestino madura, produce enzimas que le permiten digerir otras sustancias además de la leche. Sin embargo, durante los dos primeros años de vida y mientras se está desarrollando, la leche materna sigue siendo la fuente de alimentación más fácil para el bebé, la cual comporta muchos beneficios nutritivos.

La introducción inicial de otros alimentos debe hacerse con moderación, en la medida de lo posible. La idea consiste en brindarle al bebé la oportunidad de probar nuevos sabores y texturas ligeramente distintas. Muchas madres comienzan introduciendo arroz adaptado mezclado con leche materna. El olor familiar de la leche materna sirve para animar al bebé. Introducir un solo sabor nuevo cada vez es beneficioso, porque permite observar la reacción del bebé, sobre todo si existe algún precedente familiar de intolerancia a ciertos alimentos.

«*Seguía dándole el pecho varias veces por la noche; por eso, en este caso (era mi segundo hijo) introduje alimentos sólidos con la esperanza de que durmiera más tiempo. Aunque le gustaban los alimentos sólidos, no disminuyó el número de tomas.*»

Éste fue el caso de Debbie y, al igual que muchas otras madres, también ella había oído que introducir alimentos sólidos aseguraba que el bebé durmiera más tiempo durante la noche o reducía de forma automática la duración de las tomas. Considerando la cantidad de comida que toman durante el período inicial del destete, parece poco probable. Puesto que el sistema digestivo de los bebés no es capaz de digerir por completo los alimentos más complejos, la cantidad de leche que toma sigue siendo importante. A veces, los bebés se despiertan, con mayor frecuencia si cabe, para asegurarse de que reciben esa leche tan necesaria, como Joe, el niño de Dawn: «*Cuando Joe tenía unas nueve semanas, era difícil dejarlo satisfecho. Como por aquel entonces pesaba 6,8 kilos, le pregunté a Val (la auxiliar sanitaria) si debía empezar a introducir alimentos sólidos. Yo ya sabía que era un poco pronto, bastante antes de los usuales tres o cuatro meses, pero Joe pesaba más que los bebés de su edad. Para empezar, fui muy cuidadosa con lo que le daba. Empecé con arroz adaptado y leche materna, seguido de variedad de purés de fruta y verduras. Pronto mostró apetencia por sabores más fuertes; y antes de llegar a los seis meses, desayunaba, comía y cenaba. Seguía dándole de mamar nada más despertar por la mañana, a media mañana, a media tarde y a la hora de acostarlo, y dormía toda la noche plácidamente.»*

FICHA DE LACTANCIA

Consejos para introducir otros alimentos

- No te dejes guiar por lo que otros bebés hacen, ni por su régimen de comida o de sueño.

- Si el bebé tiene menos de cuatro meses, aumenta el régimen de leche antes de introducir otros alimentos.

- Dale a probar los nuevos alimentos después de mamar como de costumbre.

- Tras haber introducido los alimentos sólidos, tal vez el bebé acepte mamar de forma alternada, es decir, primero un pecho, luego alimento sólido, y después el otro pecho.

- Empieza en un momento del día en que no tengas prisa.

- Pon al niño sobre tus rodillas cuando vaya a probar nuevos sabores.

- Emplea una cuchara plana de plástico resistente. Pónsela en los labios y deja que lama y pruebe los nuevos sabores.

- Los purés de fruta son alimentos adecuados para empezar.

- Si no le gustan, deja que pasen unos días y vuelve a intentarlo.

- Dale alimentos preparados o potitos, si te resulta más fácil evitar la sensación de rechazo cuando la comida la has preparado tú.

- Lee las etiquetas para saber lo que come.

- Si ya ha tenido bastante, deja que lo diga. No lo fuerces.

- Ofrécele una buena selección de sabores; tal vez le guste lo que a ti no te agrada.

- Si el bebé está pachucho no querrá otros alimentos; amamántalo exclusivamente durante algún tiempo.

- La leche materna es una buena base para una dieta mixta; siempre que el bebé tome mucha leche puedes ir destetándolo con tranquilidad, conforme pasas al alimento sólido.

- En algunas comunidades autónomas existen instituciones que te pueden asesorar con respecto al destete. Pregunta en los centros indicados en la página 221.

- Existen numerosos folletos y libros publicados que tratan sobre la alimentación del bebé. Si deseas más información puedes acudir a los centros indicados en la página 221.

Los bebés de corta edad asocian la satisfacción del hambre con la succión. Cuando lloran porque tienen hambre, lo que esperan es mamar. Durante los estadios iniciales del destete, suele ser útil ofrecer primero el pecho, cuyo sabor les resulta cotidiano, y luego el sabor de un alimento nuevo. Cogerlo en brazos le infundirá confianza, y usar una cuchara plana de plástico favorecerá que todo vaya viento en popa. La consistencia de los primeros alimentos debe ser muy líquida, ya que el bebé lamerá la cuchara cuando se la lleve a los labios. Una experiencia positiva y agradable le predispondrá a las comidas subsiguientes. A medida que pase el tiempo, el bebé aceptará más cantidad y mayor variedad de gustos y texturas.

Cuando David tenía tres meses, Elaine introdujo en su dieta arroz adaptado y un poco de leche materna: *«También le daba biscotes sin gluten y con bajo contenido en azúcar, que ablandaba con un poco de agua hervida, añadiéndoles un poco de leche materna para que notara un sabor y un olor familiares. Se los comía sin dudar y a veces quería más. A continuación le daba el pecho. En seguida le gustaron los alimentos sólidos y antes de cumplir los cuatro meses ya desayunaba, comía y merendaba, seguido de una toma al pecho.»*

A algunas mujeres no les resulta fácil introducir otros alimentos en la dieta del niño. No hay duda de que habrá más ropa sucia, más platos que lavar y más pañales que olerán. Además, hay que decidir lo que debe dársele al bebé durante este período. Etiquetas como «sin azúcar», «sin gluten», «lo mejor para el bebé», «fortificado con…» o «factor X adicional» siembran confusión entre las madres. Existe una industria multimillonaria dedicada a la fabricación y comercialización de alimentos infantiles. Las campañas publicitarias pueden hacerte creer que un alimento en concreto es necesario para el bebé, o, lo que es peor, que es mejor que los alimentos preparados en casa. Los fabricantes no ganan dinero si compras manzanas y le preparas un puré.

Cuando al bebé no le guste el sabor de lo que le des, seguramente cerrará la boca o dejará que se escurra fuera. Si te has dedicado a prepararle una comida especial, tal vez te cueste aceptar su reacción o te sientas rechazada. Es tentador seguir ofreciéndosela. Las comidas preparadas desempeñan un papel muy valioso en este momento, porque es mucho más fácil desechar un alimento cuando lo has comprado. La razón de ello es que la preparación de la comida se asocia con el cariño. Intenta ser consciente de tus sentimientos y evita involucrarte emocionalmente con la comida que le ofreces. Algunas mujeres siguen dando de mamar de forma exclusiva hasta que los bebés están preparados para empezar a comer alimentos sólidos. Hay pruebas de que dar exclusivamente el pecho durante al menos las primeras trece semanas reporta numerosos beneficios al bebé.

LA LACTANCIA DE BEBÉS MAYORES

Dar el pecho a un bebé crecido es una experiencia especial. Cada bebé tiene una personalidad única y hay mucho de lo que disfrutar juntos, como nos cuenta Patti: «*Una vez, mi hija de catorce meses succionó dos veces para que se iniciara la subida de la leche, luego me miró con picardía, sonrió y se escondió debajo de mi jersey para hacerme en broma una "pedorreta" en el estómago. Pero, volvió a agarrarse al pecho a tiempo de chupar el flujo de leche.*»

En el caso de Lesley, el placer de la lactancia ha aumentado con el paso del tiempo: «*Once meses después, sigo teniendo leche disponible y ambas disfrutamos de la intimidad y el sosiego que proporciona el pecho. Sigo intentando reducir las tomas de Mary a dos diarias, la primera por la mañana y la última por la noche, pero no podemos eliminar los abrazos y los "aperitivos". No es ningún problema, pues la lactancia no durará siempre y las dos disfrutamos de ella mientras podemos. ¿No es eso lo mejor?*»

Optar por continuar con la lactancia puede hacerte objeto de comentarios adversos y críticas. La actitud de los demás no siempre es positiva. Parece existir una ley no escrita que ciertas personas querrían que todos aceptaran: dar el pecho está bien, pero no en público o cuando el bebé crece. La pregunta es, claro está, cuándo se considera que un bebé ya es «mayor». Las opiniones pueden ser tantas como las personas que las defienden. Las afirmaciones más habituales son: no hay que dar el pecho cuando el bebé pueda comer otros alimentos, ni cuando le salgan los dientes, soporte los zapatos o empiece a andar.

Algunas familias sacan a relucir el tema de que dar de mamar a un bebé, más allá de cierta edad no especificada, comporta algo sexual. A menudo, no se habla abiertamente de los temas sexuales en familia y, por consiguiente, la desaprobación se manifiesta con indirectas. Cuando se habla del tema, las mujeres escuchan cosas como éstas: si le das el pecho a un chico tan mayor se te pegará demasiado a las faldas o se interesará demasiado por los pechos de las mujeres cuando sea adulto; o bien dar el pecho a una niña a partir de cierta edad puede mermar su capacidad de relacionarse con los hombres. No existen pruebas que respalden ninguna de estas afirmaciones.

Vanessa nos describe la sorpresa que se llevó cuando notó este tipo de prejuicios en su familia: «*Una prima de mi padre le dio el pecho a su hijo hasta que tuvo casi cuatro años; aún recuerdo el descontento de la familia. Cuando lo analizo, pienso que fueron dos los factores que influyeron en su descontento: primero, la idea de que estuviera "echando a perder" al chico, mimándolo y anteponiendo su criterio al "permitirle" el acceso al pecho; segundo, la preocupación por la sexualidad, porque acaso estuviera obteniendo algún placer sensual a través de este contacto. La naturaleza ha parido a los mamíferos; ¿por qué negar su sensualidad? Suele haber más preocupación cuando el niño criado al pecho es varón.»*

A veces se hacen objeciones, como que la lactancia materna perjudica la salud de la madre y que ésta se vuelve demasiado dependiente del hijo en busca de una satisfacción afectiva. Una vez más, no hay pruebas que apoyen estas afirmaciones.

Tener que aguantar estos comentarios, o simplemente darte cuenta de que se te desaprueba, puede obligarte a un examen de conciencia y a creer que debes justificar lo que haces. Tienes que ser muy resuelta o hacerte «impermeable», como le ocurrió a Amy cuando su tercer hijo tenía 18 meses: *«El otro día alguien me preguntó: "¿Cómo es que das de mamar a un niño tan grande que ya anda solo?" Yo pensé que no era nada raro y contesté: "No se trata de dar el pecho a un niño grande, estoy dándole el pecho a Robert desde que nació." Al pensar más tarde en este incidente, mi propia respuesta me recordó la naturaleza evolutiva de la relación que se establece durante la lactancia, que es en gran medida bidireccional, y que no está totalmente bajo tu control porque implica a otro ser vivo. Con mi tercer hijo no tenía ideas preconcebidas sobre cuándo destetarlo y me inclinaba a confiar en mi instinto más que en las opiniones ajenas.»*

Sunita también tuvo que escuchar comentarios críticos: «*Fuera de casa era consciente de la vergüenza que sentía al dar de mamar a un bebé mayor; incluso antes de cumplir el año la gente hacía hincapié en que seguía pegada a mí. También sufrí cierta hostilidad cuando llevé a la niña a ver Tweeny Tumbler. Estaba inquieta y me pidió que la amamantara; cuando ya había agarrado el pecho, me comunicaron que no estaba permitido comer o beber allí. No creo que la lactancia se pueda considerar como los otros tipos de alimentación y me fui de allí humillada y avergonzada.*»

Posiblemente no has tomado la decisión definitiva de continuar o no con la lactancia pero, si todo va bien entre el bebé y tú, dar el pecho se convertirá en una parte casi insignificante de vuestra vida en común. No obstante, otras personas pueden opinar de otra manera.

Irene le dio el pecho a su bebé más de nueve meses, pero la presión social fue cada vez más fuerte: «*Era una situación difícil de llevar. No creo que estuviera haciendo gala de ello, y muy pocas veces le daba el pecho si no estábamos en casa (excepto en casa de algún amigo y durante la siesta). Cuando me lo pedía y estábamos fuera yo sentía, a pesar de algunos comentarios subidos de tono, que no era malo hacerlo. Por desgracia, hablando con la gente llegué a plantearme "¿qué estoy haciendo dándole aún el pecho con nueve meses?, ¿no se tratará de una autocomplacencia perjudicial?". La gente que apoya la lactancia a largo plazo se portó de forma maravillosa y me ayudó muchísimo poder hablarles del tema; pero, en conjunto, descubrí que la mayoría de la gente se mostraba increíblemente dura conmigo.*»

Sunita cree firmemente que la lactancia materna continúa siendo útil cuando el bebé se hace mayor: «*Me parecía natural seguir con algo que iba tan bien, que contribuía a calmar al niño y le hacía dormir en cuestión de minutos. Los bebés crecidos pocas veces comprenden sus emociones y no saben qué hacer. Tampoco los adultos sabemos tratar a los bebés; sin embargo, dar el pecho nos calma a ambos con facilidad.*»

Algunas mujeres deciden contrarrestar los comentarios negativos informándose y optan por continuar con la lactancia de su hijo. Otras, como Paula, conocedoras de los beneficios de una lactancia materna prolongada, aprecian la estrecha relación que aporta la lactancia en todo tipo de situaciones: «*Actualmente, Charlotte tiene catorce meses y no tengo prisa por finalizar la lactancia. Creo que la leche materna sigue siendo importante durante el segundo año de vida. Hay momentos, cuando está pachucha, en que se niega a comer alimentos sólidos. Entonces le ofrezco el pecho, lo que la consuela mucho. La leche materna es fácil de digerir y también muy nutritiva si el bebé tiene fiebre. Me siento muy unida a ella cuando está enferma y agradezco poder reconfortarla de una forma tan íntima y física.*

En el día a día, Charlotte ha resultado ser una comedora exigente. Su dieta consta en gran medida de bocadillos de pan de ajo y mantequilla de cacahuete. Rechaza todo tipo de fruta y verdura (excepto patatas y chirivías asadas). La leche materna supone una importante contribución a esa dieta tan restringida; es probable que sea su única fuente de vitaminas.

La leche materna es una forma de defensa contra los caprichos enfermizos y la irregularidad de las comidas. Es, si queréis, una póliza de seguros. He descubierto que la lactancia materna es el medio perfecto de responder al niño con pasión, ternura, consuelo y, por supuesto, amor.»

Vanessa y su pareja estrecharon sus lazos gracias a la lactancia: «Darle el pecho a un bebé mayor (Raquel pronto tendrá dos años) reporta beneficios fisiológicos; sigo pasándole anticuerpos a través de la leche. También estoy segura de que los beneficios psicológicos son incalculables para ambas. Ella encuentra alivio en mis pechos y yo se lo proporciono de una forma amorosa y única.

Sobre todo, disfruto con las tomas antes de acostarla por la noche; es un momento de tranquilidad, íntimo y plácido que ambas disfrutamos, y me encanta que no sólo desee tomar "la leche de mamá" sino que reconozca que disfruta con ello: cuando le pregunto si le gusta me contesta asintiendo con la cabeza con fuerza. Aunque la lactancia nos proporciona a las dos una relación especial, casi exclusiva, mi marido y yo somos conscientes de ello y hablamos del tema, porque en ocasiones nos obliga a estar separados a la hora de dormir. Sin su comprensión y ayuda me habría resultado difícil salir adelante.

Me encanta que la lactancia materna con Raquel haya ido tan bien, sobre todo porque es niña. Me parece importante; supongo que se debe a que espero que algún día ella pueda experimentar las mismas sensaciones de alegría que siento yo cuando le doy el pecho. Debo admitir que ahora la amamanto en privado. Mientras Raquel era todavía un bebé, cuando andaba a gatas y hacía gorgoritos, me resultaba fácil darle el pecho en público. Ahora soy menos proclive a ello. Por ese motivo he vuelto a llevar un sujetador normal con aros que dificulta el acceso a los pechos. Es más difícil ser discreto cuando das el pecho a un bebé crecidito; Raquel tiende a enredarse con mi ropa o quiere jugar con el otro pezón mientras mama. No me siento aún capaz de renunciar a esta actividad preciosa, privilegiada, satisfactoria y placentera de que disfrutamos. Pero este día llegará; supongo que sucederá de forma gradual y quizá no me dé cuenta de que ha sido la última toma.»

A veces resulta divertido dar el pecho a un bebé crecido, tal y como describe Fiona, madre de Penny, de tres años: «Existe un placer social en la lactancia, cuando los bebés son mayores, que no se da cuando son pequeños. Todas las mañanas paseamos con Sara, mi hija mayor, camino de la guardería y, cuando volvemos a casa, Penny dice:

"¿Tomaremos algo bueno, mami?" A menudo comenta si el sabor le ha resultado particularmente bueno y una vez acertó al decir que debía haber comido piña. Un día dijo que le había gustado tanto que probaría el otro lado, ¿sabría igual?

Nunca pasé por las dificultades que otras mujeres describen, cuando dan el pecho a niños mayores que "quieren mamar" a horas poco convenientes o éstos emplean palabras que avergüenzan a sus madres en el supermercado u otros sitios. Entre las dos solucionamos el tema sin hablar de ello y Penny tomaba "su ración" cuando podíamos sentarnos y disfrutar. Sólo tomaba el pecho buscando consuelo cuando estaba enferma.»

Amamantar al bebé resulta útil durante los períodos de enfermedad, como descubrió Joy con Flora: «*Mi hija pequeña, tomó el pecho hasta su tercer cumpleaños. Lo dejó cuando ya no necesitaba la toma de la noche. Cuando tenía unos dieciocho meses, lo pasó fatal con la varicela; tenía la boca y la garganta cubiertas de pápulas. Se negaba a llevarse una taza a la boca porque le dolía. Me sentí aliviada al volver a darle el pecho como único alimento, durante unos pocos días. Al igual que sus hermanas, tenía tendencia al resfriado, con inflamación de mucosas y otros problemas respiratorios, y descubrí que darle el pecho por la noche, cuando podía chupar con mayor comodidad y durante más tiempo, era mucho más eficaz y menos agotador para ambas que pasar la noche yendo al cuarto de baño.»*

A la hija de Leigh le gusta la «leche de mamá» y, a Leigh, le ha reportado un verdadero conocimiento de sí misma: «*He disfrutado de una estrecha relación durante los distintos períodos del desarrollo de Emily, desde que era un bebé hasta la edad preescolar. Ha sido una forma de aliviarla y el alimento rápido por excelencia. La supresión gradual de la lactancia es otra oportunidad de estar unidas y manifestarnos amor. Mi hija y yo tenemos vínculos muy fuertes, que en buena parte se deben a la larga relación de lactancia que hemos tenido.»*

Capítulo 7

La familia crece

UN NUEVO BEBÉ

A cualquier madre le supone un esfuerzo prepararse física y mentalmente para tener otro hijo. La asistencia a las clases prenatales no resulta tan fácil cuando tienes que cuidar de otros niños. Si consigues que alguien cuide de tu hijo mayor y asistes a las clases prenatales del Servicio Nacional de Salud o a los cursos de la NCT, descubrirás que es una delicia centrarte otra vez en ti y en el que va a llegar. Así, tendrás tiempo para pensar en el nuevo hijo y en cómo vas a cuidar de él, en los aspectos prácticos y sentimentales; todo es importante, por supuesto, para disfrutar pensando en la llegada del bebé.

Te pueden preocupar ciertos aspectos prácticos como: ¿dónde dormirá el recién nacido?, ¿cómo nos arreglaremos en el coche?, ¿qué pasará con el mayor mientras estoy de parto?, ¿habrá dinero suficiente?

Los aspectos emocionales, por lo general, se centran en la preocupación que generan las necesidades del mayor y los preparativos del siguiente: ¿tendré suficiente tiempo para todos?, ¿sabré relacionarme con dos, o quizá tres niños pequeños?, ¿a quién le doy de comer primero?, ¿cómo se comportará el mayor?, ¿cuál de ellos tiene prioridad? Son muchísimos los factores que hay que considerar.

Quizá, parte de la angustia se origine en: ¿cómo es posible querer a otro niño tanto como a éste? A pesar de que, con el primer hijo, el comienzo fuera difícil y el camino de la maternidad haya contado con obstáculos, la mayoría de hombres y mujeres se enamoran perdidamente de sus hijos. Nada es tan maravilloso para un padre como notar una mano confiada que se agarra a la suya o sentir el amor incondicional de sus hijos. Son experiencias especiales. Presumiblemente, algunas de estas «recompensas» explican por qué muchas parejas quieren más de un hijo.

FICHA DE LACTANCIA

PENSANDO EN LA LLEGADA DE OTRO BEBÉ

Antes de nacer el segundo

- Habla de vez en cuando con tu hijo mayor de la llegada del próximo hermanito.

- Muéstrale fotografías de cuando era bebé para que vea lo indefenso que era.

- Muéstrale fotografías suyas mamando o procura que conozca a otros bebés lactantes para que se familiarice con la lactancia.

- No esperes que se muestre alegre por tener un hermano, ni le digas lo afortunado que será con un compañero de juegos. Los bebés no saben jugar.

- Si tu hijo mayor hace la siesta, que siga siendo así. Ese intervalo de tiempo será muy valioso cuando llegue el otro.

- Dentro de lo posible, no programes ningún cambio importante coincidiendo con la llegada del nuevo bebé: el otro ha de acostumbrarse a un hermanito o hermanita, sin que tenga por ello que empezar a ir a la guardería o al parvulario.

- Ofrécele una muñeca y una cuna al mayor para que cuide de *su* bebé de la misma forma que tú cuidas del otro.

- Busca textos gráficos, disponibles en las bibliotecas, que te permitirán hablarle sobre cómo va a cambiar su vida. Por ejemplo: «A veces papá preparará el desayuno. Mamá tendrá que darle el pecho durante mucho tiempo.»

- Si tu hijo ha llegado a esa edad, retrasa el acostumbrarlo a usar el orinal hasta después de la llegada del recién nacido.

- Invítalo a sentarse contigo cuando descanses, durante el estadio final del embarazo. Cuando estés dándole el pecho a tu nuevo hijo, habrá momentos en que el otro se sentará contigo; entonces, dispón de un brazo para abrazarlo.

- Ten a mano una caja de juguetes en el momento de dar el pecho. Deja que escoja los juguetes que quiera él y también que le dé un nombre a la caja, que sepa que la caja de los juguetes y la lactancia son algo especial.

Vale la pena planificar por adelantado el cuidado de dos (o más) niños, pero buena parte del futuro de una familia no es sino «esperar a ver qué pasa». La mayoría de los padres descubren que el amor del que disponen crece con cada nuevo hijo. No se trata de dividir el amor existente entre el número de niños.

DAR EL PECHO A DOS BEBÉS A LA VEZ

Algunas mujeres dejan de dar el pecho para acelerar la vuelta a la normalidad del ciclo menstrual y concebir otro bebé. De todas formas, es posible quedar embarazada mientras se está amamantando a un bebé, ya sea pequeño o grande.

FICHA DE LACTANCIA

PENSANDO EN LA LLEGADA DE OTRO BEBÉ

Después de nacer el bebé

- Para tu hijo, el recién llegado es un competidor. Cambiar su papel de bebé por el del niño mayor de la familia es todo un desafío. Ten paciencia.

- Sé previsora y coge algo de beber, un libro o juguetes para el mayor antes de empezar a dar el pecho al pequeño.

- Conviene que pases tiempo con el mayor cuando el otro duerme. Resiste la tentación de ponerte a hacer las faenas domésticas. Tu hijo mayor también necesita que le demuestres que sigues queriéndolo. Estar con él es la mejor demostración.

- Tal vez, el mayor te pida tomar el pecho. Quizá recuerde su época de lactante. Acepta su petición. Ofrécele el pecho; lo más seguro es que no recuerde la técnica de succión y pierda interés. A los que saben succionar, por lo general no les gusta el sabor de la leche materna. Dejar que satisfaga su curiosidad natural es la forma más fácil de que su interés se vuelque en otras cosas.

- Habla con tu hijo mayor, dile lo que sientes y pregúntale por sus sentimientos. Él entiende las cosas mejor de lo que te imaginas y capta las tensiones. Si hablas con él crearás una atmósfera relajada; vale la pena intentarlo.

- La vida adquirirá un ritmo febril, conforme te ajustas al cuidado de más de un hijo, pero cada vez será más fácil.

- Tu hijo mayor no necesita una vida social muy intensa durante ese período. Necesita mucho más que tú tengas un estado mental razonable. Invierte dinero en procurar actividades caseras para el mayor, como el juego del cono y los aros, un rompecabezas o juegos de construcción. Evita las salidas excepto las imprescindibles y reserva tus energías, al menos durante un tiempo.

- Recaba la ayuda de parientes y amigos de confianza. Algunos ratos lejos del pequeño te aliviarán de la tensión.

- Algunos centros organizan grupos de padres, bebés y niños.

- En Gran Bretaña, los centros de la National Childbirth Trust (NCT) organizan reuniones, en las que puedes dar el pecho en un ambiente amistoso mientras los mayores juegan. Hablar con otras madres siempre es reconfortante.

Algunos bebés mayores dejan el pecho de forma natural en ese momento, porque parece ser que el sabor de la leche se altera debido a los cambios hormonales que se producen en la corriente sanguínea. Los pezones se vuelven muy sensibles durante los estadios iniciales del embarazo y, consciente o inconscientemente, animarás a tu hijo a que deje de mamar.

Anna dio el pecho a su primera hija hasta que tuvo tres años: «*Le encantaba tomar el pecho, y a mí dárselo. Gradualmente, las tomas se redujeron cuando tuvo otras cosas más importantes en las que ocuparse. Dejó de mamar cuando me quedé embarazada. Quizá, la leche sabía distinta o escaseaba. No estaba molesta, simplemente ya no quería tomar más el pecho.»*

Si en la fase inicial del nuevo embarazo no dejas de darle el pecho al mayor, tendrás que plantearte amamantarlos a los dos.

No siempre es fácil, como explica Dawn: *«Le di el pecho a la primera, durante dos años y tres meses, y todavía la amamantaba estando embarazada del otro. Cuando el recién nacido agarró el pecho, mostró una voracidad tal que dobló su peso al nacer en nueve semanas. Quise darles el pecho a los dos, pero mi aporte alcanzaba sólo para las necesidades de uno. Me quedé agotada y la comadrona me aconsejó que dejara de amamantar a la mayor, así que se lo tuve que explicar.*

Debería haber hecho el esfuerzo de destetarla antes del nacimiento del segundo, porque luego resultó muy doloroso para ambas.»

Morag disfrutaba dando el pecho a sus dos hijas a la vez: «*Mi hija mayor, de casi tres años, seguía tomando el pecho cuando su hermana nació. Era una sensación especial tenerlas a las dos en brazos y amamantarlas juntas. Antes de que su hermana naciera, la mayor sólo tomaba el pecho tres o cuatro veces diarias, pero durante el primer mes, más o menos, quería mamar también siempre que el otro lo hacía. Pero ello facilitó el asunto: no tenía que estar pendiente de una niña aburrida y celosa mientras amamantaba a la otra, y nos sentábamos las tres juntas. Confiaba en que mi cuerpo respondiera a la succión adicional y así fue. Tenía mucha leche y nunca me preocupé de que el bebé no tuviera suficiente.*»

Si te encuentras en esa situación, es preferible dar libre acceso al recién nacido durante las primeras semanas. Así te aseguras de que recibe el calostro vital y de que se genere el aporte de leche que necesita.

INQUIETUDES

Sin embargo, algunas embarazadas por segunda vez se muestran inquietas por el tema de la lactancia, como explica Sophie: «*Embarazada –me dije–, qué maravilla. Un hermanito o hermanita para Paul, que ahora tiene cinco años. La alegría inicial de la noticia se borró cuando me acordé de la terrible experiencia de darle el pecho a Paul. Las primeras seis semanas transcurrieron intentándolo; recuerdo el dolor, las lágrimas y la frustración. Pero esta vez llevaría el control de la situación. Lo había intentado y había fracasado. ¿Por qué pasar por lo mismo cuando ya sabía que la lactancia no era para mí? Había tomado una decisión: no le daría el pecho al segundo, optaría por el biberón. Una vez tomada esta decisión, me senté y disfruté los nueve meses siguientes teniendo claro el método de lactancia.*»

Martha está esperando a su segundo hijo y tiene pensado darle el biberón desde el principio: «*Había muchas razones para no amamantar a mi hija, ya que la lactancia desempeñó un papel negativo en mi estado de ánimo y mis depresiones. Estoy segura que todo irá mejor esta vez, ahora que ya he superado el cargo de conciencia por no dar el pecho.*»

Rebecca ha vuelto a quedar embarazada: «*Esta vez tengo mayor amplitud de miras. Si consigo dar el pecho, lo amamantaré. Si no, le daré el biberón. Me gustaría experimentar lo que se siente amamantando a un bebé, dándole el mejor alimento posible y evitando el gasto y el fastidio de comprar y preparar leche artificial; pero si la lactancia materna no va bien, darle el biberón no es el fin del mundo.*»

En la mayoría de los casos, con el segundo o los siguientes bebés, el parto suele ser más fácil y la lactancia se inicia de forma relajada y plácida. En una encuesta de 1990, de la revista *Infant Feeding*, se constató que había más posibilidades de que las mujeres dieran el pecho a su segundo hijo si habían amamantado al primero.

Éste fue el caso de Vanessa: «*Con Raquel, mi segunda hija, la experiencia del parto fue distinta. Nació en el agua, en una habitación tranquila y a media luz. Me la llevé al pecho durante su primera hora de vida y mamó durante un rato. Durmió mucho aquel día y por la tarde despertó y tuvo su primera toma "de verdad". Le daba el pecho con una confianza total, echada en la cama del hospital (no lo había conseguido la primera vez). El personal del hospital me dejó a solas al ver que todo iba bien.*»

A Tania también le pareció más fácil la segunda vez: «*No hubo problemas cuando nació en casa mi segundo hijo, que tiene ahora once meses. Todavía me resultaron un poco desconcertantes los primeros días, mientras esperaba que se estableciera el aporte de leche y nos íbamos conociendo el uno al otro.*»

Carly había tenido una mala experiencia con la lactancia materna de su primer hijo: «*La segunda vez fue distinto. Mi hijo comió bien y se durmió. Tenía confianza que esta vez podría ofrecerle lo mejor. Nada ni nadie podría turbar mi instinto nutricio.*»

Si has tenido dificultades con la lactancia del primer bebé, tendrás que acostumbrarte a sentimientos contradictorios. Puede que sientas que tu cuerpo te está defraudando; o te preguntes por qué fue tan difícil darle el pecho, siendo como es un proceso natural, o te plantees si vale la pena intentarlo de nuevo. Tal vez la cosa no vaya bien y te lleves otra desilusión. Algunas mujeres superan la desilusión al momento, llorando y contando a los que las rodean lo que les pasa, y con el tiempo olvidan la experiencia; sin embargo, otras mujeres no hacen sino enterrar el tema sin hablar de ello. Si éste es tu caso, es posible que vuelvan a la superficie los miedos ocultos a medida que se acerca la fecha del nacimiento. En estas circunstancias es importante que trates de hablar a fondo de tus miedos con tu comadrona o con una consejera de lactancia de la NCT.

Tal vez te den ánimos para intentarlo de nuevo; muchas mujeres han visto recompensado su valor con su segundo o tercer hijo, como Lorna: «*Tuve una niña en julio, sana y salva, y oí decir que traían un biberón. Mi marido quería que intentara darle el pecho, así que, a mi pesar, probé que la niña agarrara el pecho para demostrarle que pasaría lo mismo que antes, y que, finalmente, consentiría en darle el biberón. ¡Me equivoqué! Carol se agarró al pecho, mamó alegremente y así ha sido desde entonces: ni pechos congestionados, ni pezones agrietados ni dolores, sino un bebé feliz. Seis meses después sigo sin creérmelo. Odiaba dar el pecho, había sido la peor experiencia de mi vida, y, sin embargo, con mi segundo hijo he disfrutado de los momentos de lactancia. Estoy muy contenta de que mi marido me animara a intentarlo. No me habría perdido la lactancia de mi hija por nada del mundo.»*

La determinación de Sandra tuvo al final su recompensa: *«Me ha costado tres intentos y tres bebés lograr dar el pecho con éxito, pero ahora que he amamantado a Joel seis meses sé que no tomará ningún biberón. El pecho es lo mejor. Estoy orgullosa de haber superado los problemas.»*

Gail desafió el escepticismo de su familia, y al nacer su tercer hijo decidió probar a dar el pecho una vez más: *«Esta vez me decidí a pedir ayuda a quien fuera. Hablé con una consejera de lactancia durante el embarazo; le conté los problemas que había tenido y que quería superarlos. Al llegar a casa con el recién nacido (al cuarto día) me sentía muy segura. En cuanto él abría la boca, yo me levantaba la camiseta como una profesional. Cuando se tiene éxito como madre lactante (por fin), se experimenta un sentimiento maravilloso de plenitud. Y lo mejor de todo es que las dos niñas están viendo a su madre dar el pecho, espero que les sirva de ejemplo en el futuro.»*

Por supuesto, dar el pecho a un segundo o tercer hijo significa que hay un bebé más grande o un niño mayor del que cuidar. En esos casos, muchas mujeres suelen reunirse en casa de alguna de ellas durante los primeros días, cuando tienen el nuevo hijo. Los niños mayores se hacen compañía mientras las madres charlan, se prestan ayuda material y apoyo moral. Dando el pecho te queda una mano libre para procurarle afecto al otro, tal y como Jinny y Laura descubrieron: *«Apreciaba las ventajas de dar el pecho, sobre todo porque quería mantener el contacto con el otro. Se convirtió en nuestro rato de tranquilidad. Yo amamantaba al bebé y Jacob se acurrucaba al otro lado con un libro o un rompecabezas, y leíamos o le cantábamos canciones al bebé. Con un hijo ya crecido, la hora de la toma era el momento de concentrarme en el bebé, en el contacto visual y táctil. Cuando mi marido estaba en casa y podía, se dedicaba a entretener al otro. La segunda vez fui más activa; había más recados que hacer, más lugares a donde ir o llevar al mayor. Las ventajas de dar el pecho fueron incalculables.»*

«Alguno de los recuerdos más felices de aquella época se refieren a cuando me sentaba al fresco en el salón: le daba el pecho al bebé, a la vez que abrazaba a su hermana que le estaba leyendo un cuento. Siempre me preguntaba, y sigo haciéndolo, cómo me las hubiera arreglado con un bebé en brazos, al que darle el biberón, para pasar las páginas del libro de cuentos.»

Morag encontró una forma de entretenerse: *«Cuando nació mi tercera hija, la mayor tenía seis años y ya era capaz de entender que tenía que dar el pecho a las pequeñas. A veces se sentaba conmigo en el sofá y "le daba el pecho" a su muñeca.»*

LA LACTANCIA DE DOS O MÁS BEBÉS

Algunas parejas descubren durante el embarazo que van a ser padres de dos bebés. Los padres de gemelos, o de niños que han nacido separados por un corto período de tiempo entre sí, suelen enfrentarse a un montón de dilemas a la vez. Una familia numerosa al instante: ¿doble placer o doble problema? Al saber que estás esperando gemelos –o más– quizás te preguntes si podrás amamantarlos sola. A menudo, las mujeres desconfían de que sus cuerpos produzcan suficiente leche para un bebé, así que cuando son dos muchas madres creen que no podrán alimentarlos. En el pasado, las mujeres siempre daban el pecho a más de una criatura. Las nodrizas solían alimentar entre cuatro y seis bebés. El principio de la demanda y el aporte sigue funcionando: si dos bebés maman, los pechos producirán suficiente leche para los dos. En un estudio, realizado en 1977, se descubrió que la cantidad de prolactina en las mujeres que dan el pecho a gemelos puede ser el doble que la de las madres que dan el pecho a un solo bebé.

Si ya has dado el pecho anteriormente, es más posible que te sientas optimista ante la perspectiva de tener que alimentar a más de un bebé. Puedes encontrarte con gente, incluidos los profesionales que te atienden, que se muestre escéptica sobre tu capacidad para darles de mamar. Si consigues hablar con alguien que haya alimentado a gemelos, o las personas que cuidan de ti te apoyan, te será más fácil anticiparte a los problemas en lugar de sentirte desbordada por ellos.

A Simone, la realidad le resultó más compleja: ¡tres bebés!: *«Después de recuperarme de la primera impresión, al saber que esperaba trillizos, y tras haber pasado los horribles primeros meses de embarazo, me puse en contacto con padres de trillizos para hablar de la "forma y condiciones" de un parto múltiple. Hablé con varias familias sobre la viabilidad de dar el pecho a los trillizos y comprendí que tendrían que tomar el pecho y el biberón para sobrevivir. Además, probablemente pasarían varias semanas en una unidad de cuidados intensivos y, por lo tanto, necesitaría emplear un sacaleches para alimentarlos con biberón o con sonda cuando no estuviera allí.»*

Con el primer hijo de Olivia, la lactancia fue una delicia: *«Cuando descubrí que estaba embarazada de gemelos, dos años más tarde, la experiencia positiva que había tenido me convenció de volver a dar el pecho. Sin embargo, encontré mucha oposición, porque temían que dejara a un lado a Briony o que no tuviera suficiente leche. La NCT no nos falló y tuve la suerte de contar con una consejera de lactancia en la zona que también había criado a unos gemelos.»*

A menudo, las madres tienen que enfrentarse con las dudas de los especialistas: *«El personal médico se mostraba escéptico de que pudiera amamantar a los gemelos. Por suerte, estaba en contacto con otras madres de gemelos que lo habían hecho y habían disfrutado con ello, y estaba resuelta a seguir adelante. Leí cuanto pude encontrar que tratara positivamente la lactancia de gemelos y deseché todo lo demás. Tuve que asegurarle al médico que no intentaría dar el pecho a los dos, aunque sí iba a hacerlo.»*

FICHA DE LACTANCIA

DAR EL PECHO A DOS O MÁS BEBÉS

¿Individualmente o los dos a la vez?

La primera decisión que debes tomar es: ¿alimentarlos uno a uno o los dos a la vez? La experiencia demuestra que dar el pecho sólo a un bebé puede ayudarte, al principio, a superar las dificultades que éste pueda presentar, y tal vez te ayude a iniciar una relación individualizada con cada uno de ellos. La lactancia simultánea es más fácil cuando los bebés se hacen un poco mayores y tienen más práctica en agarrar el pecho. Sin embargo, la lactancia simultánea supone una mayor estimulación para el aporte de leche, por lo que es útil para conseguir un buen aporte inicial. Si cuentas con ayuda, tal vez optes por darles el pecho a ambos, por esta razón.

Posturas para dar el pecho

Cuando llega la hora de llevarse a ambos niños al pecho, existen varias posibilidades. La «**postura del balón**» es buena para gemelos recién nacidos. Los bebés se colocan de forma que el cuerpo y las piernas queden bajo el brazo, y la cabeza y el cuello se apoyen en la mano. Los bebés se sostienen de forma que quedan pegados a tus costados, con la barriguita a tu lado. Se emplean almohadones como soporte adicional, de forma que no tengas que inclinarte sobre ellos. A medida que empiezan a aguantar la cabeza, ya no tendrás que sostenérsela tú, lo cual te dejará las manos libres para coger un vaso o leer un libro.

Con la «**postura paralela al cuerpo**», sostienes a uno de los bebés en la postura «convencional», a lo largo de tu cuerpo, y el otro se sostiene con la postura del balón, de forma que los bebés queden echados en paralelo y en la misma dirección. Una vez más, son necesarios almohadones para apoyar a los bebés y no tener que soportar su peso. Tienes que coger a los bebés de forma que sus barriguitas miren hacia ti.

Es posible sostener a los dos bebés en la postura convencional, mediante la «**postura entrecruzada**». Es importante comprobar que los dos bebés están en una postura correcta, con el cuerpo dirigido hacia ti.

Para colocar los gemelos al pecho, no hay más reglas que las normas habituales para adoptar una buena postura. Cada madre descubrirá por sí sola las posturas que le van mejor y se dará cuenta de que los bebés también tienen sus preferencias.

Elección del pecho

Algunas madres prefieren cambiar a sus bebés de pecho en cada toma. Otras prefieren darle un pecho a cada hijo. Cambiar de pecho al bebé de forma regular asegura mantener un aporte uniforme en ambas mamas. Esto es todavía más evidente si uno de los bebés es más robusto que el otro, porque el que succiona con más fuerza estimulará el aporte de leche para el más débil. Sin embargo, dejar a cada bebé en un pecho puede mejorar el aporte adecuado para cada uno de ellos, de forma que obtengan suficiente leche para su crecimiento. Algunos bebés muestran preferencia por un pecho; una vez más, se trata de algo que descubrirás por ti misma a medida que crezcan.

Una complicación añadida es que los gemelos nazcan prematuramente, lo cual suele ser bastante común. Este factor complica el afianzamiento de la lactancia. Si los bebés son muy pequeños para succionar, tendrás que extraer la leche hasta que puedan agarrar el pecho. Es importante que las asistentas entiendan tu deseo de amamantarlos, te presten su ayuda y te animen desde el principio. A veces, si los bebés han llegado a término, el parto puede resultar tan agotador, que la idea de llevártelos al pecho no sea prioritaria en ese momento.

Pero sí lo fue para Simone: «*El nacimiento de nuestros hijos fue un acontecimiento emocionante y maravilloso, aunque un tanto impactante porque esperábamos tres bebés y nacieron cuatro. Mis primeras palabras al entregarme al último y saludable bebé no son repetibles, pero fueron aceptadas gracias al animado lenguaje de los tres –no cuatro– pediatras presentes en el parto.*
Comencé a extraer leche materna unas treinta horas tras el parto, en cuanto pude hacer algo que no fuera dormir o echarme a llorar.»

La presencia de asistentes animosos es esencial en los primeros días, como dice Pat: «*Me trasladaron a una habitación para parturientas y me dediqué a dar a los gemelos su primera toma. Las enfermeras del primer turno acababan de llegar, tuve la fortuna de que me asignaran una enfermera especialmente servicial y de gran ayuda. Fue a buscar unos cojines y una almohada del tipo mariposa, que me puse sobre el regazo para apoyar a los bebés, y pude darles el pecho a los dos a la vez.*»

Al igual que otras mujeres, las madres de gemelos necesitan apoyo y un ambiente agradable durante las primeras semanas de lactancia. También necesitan contar con ayuda especializada durante la fase de aprendizaje. Encontrar una postura para dar el pecho a dos bebés a la vez puede parecer una dificultad insuperable.

Afianzar la lactancia materna con dos (o más) bebés parece a veces una tarea imposible, que no siempre facilitan cuantos te rodean, como recuerda con viveza Hilary: «*Insistí en que me ayudaran a dar el pecho a los gemelos inmediatamente después de nacer y otra vez más tarde. Había pasado una larga estancia en la sala prenatal y, aunque oficialmente se promovía la lactancia materna, el personal se mostraba apático y prefería los biberones –ya listos para tomar– a la menor oportunidad. Me aseguraron que tendría que darles biberones suplementarios. Les dije que me dejaran seguir; empecé a amamantar a un bebé cada vez, dándole un pecho a cada uno de modo que el aporte se ajustara a sus necesidades individuales. Tenía a un gemelo a cada lado de la cama. Mientras le daba el pecho a uno, mi marido daba vueltas por la habitación sosteniendo con torpeza al otro; a continuación hacíamos el intercambio, pero el bebé que aguardaba no paraba de llorar y aquello era un infierno. No obstante, cuando una enfermera aparecía por la puerta con un*

biberón de leche artificial, la echábamos con cajas destempladas.

Cuando mi marido no aparecía durante unas horas y yo estaba al borde del agotamiento, insistían en que, ya que no dejaba darles un biberón, les diera leche de soja con una sonda nasal. Los bebés se indisponían y se sacaban la sonda, así que decidí darles el pecho a los dos a la vez. Una amiga que tenía gemelos me prestó una almohada de mariposa y la colocó delante de mí. Fue el consejo más útil que recibí, y me permitió colocarlos a los dos en la postura correcta con mayor facilidad (lo recomiendo a las madres que den el pecho a gemelos). Hasta que ellos y yo le cogimos el tranquillo, conseguir que ambos agarraran el pecho era muy difícil, pero cuando lo lograban era una bendición, y la sensación de dar el pecho a los dos una maravilla. No me rezumaban los pechos y terminaba antes.

Continué amamantándolos así durante el día; llamaba a una enfermera que sostenía a uno mientras el otro agarraba el pecho. Por aquel entonces, el personal se había dado cuenta de que me había salido con la mía y se mostraban más serviciales a la vez que impresionados.»

Al principio, a Pat le costó relajarse: «*Ambos parecían descansar en la almohada, pero yo sólo tenía un par de manos para los dos recién nacidos. Durante los primeros días, las horas nocturnas me resultaron difíciles. Me parecía andar arriba y abajo toda la noche dando el pecho a uno y otro. Por desgracia, una o dos enfermeras estaban poco dispuestas a colaborar e incluso parecían críticas. Una de ellas, madre de gemelos, me repetía que "les diera el biberón". Me sentía molesta y aislada; las mujeres de las habitaciones adyacentes tenían un solo bebé y los criaban a todos con biberón. Me sentía como si fuera una estrafalaria o una malintencionada.»*

Una vez los bebés en casa, te costará algún tiempo adaptarte a la nueva situación. Las madres de gemelos aprenden rápido a aceptar cualquier ayuda y descubren la forma de arreglárselas para mantener la rutina diaria. Darles el pecho a la vez o por separado, coger y sostener en brazos a dos bebés pequeños, cuidando a la vez de un niño mayor, son dificultades con las que puede enfrentarse la madre que ha tenido gemelos.

Pat pasó siete días en el hospital y durante ese tiempo consiguió establecer un aporte de leche generoso. Los gemelos se acostumbraron a un horario de alimentación cada cuatro horas, que seguían sincronizadamente: *«Nunca conseguí darles el pecho a la vez. Uno de los gemelos siempre comía un poco menos y vomitaba al cabo de un rato. Una vez en casa desarrollé un procedimiento para amamantarlos, que consistía en ofrecer al que se despertara primero el pecho más lleno. Mientras tanto, acunaba al otro moviendo con el pie la cuna-balancín. Cuando el primero dejaba de comer, los cambiaba de sitio y el otro bebé tomaba el segundo pecho.»*

Una vez que las gemelas estuvieron en casa, aunque Olivia experimentó con distintas posturas, decidió darles el pecho una a una: *«La dificultad principal que encontré al intentar darles el pecho a la vez fue una bajada espectacular del nivel de azúcar en la sangre; empecé a farfullar y a sufrir desmayos. Tenía que sentarme a tomar un bocadillo y un vaso de leche. Me sentía orgullosa de poder satisfacerlas a las dos. Sin embargo, estaba claro que Ruth y Louise mostraban apetitos diferentes. Era difícil conseguir que una soltara el aire mientras le daba el pecho a la otra. Además, había decidido darles un pecho a cada una (Louise a la izquierda y Ruth a la derecha), lo cual significaba que a Ruth le tocaba el pezón más "difícil". Cuando quería cambiarlas me quedaba confundida y me preocupaba que alguna mamara mucha o poca leche posterior. Así que empecé a darles el pecho individualmente. Era la mejor forma de comunicarme con cada una.»*

Meg descubrió, por el contrario, que le resultaba más fácil amamantar a las gemelas a la vez: *«Por fin me dejaron llevarme las gemelas a casa, cuando tenían seis días; me había pasado cinco semanas en el hospital, entre antes y después del parto. Hoy, aquellos días representan un recuerdo borroso. Practicaba la lactancia según demanda, y por fortuna funcionó bastante bien después de varios comienzos en falso. Al final había llegado a la conclusión de que una mamara siempre del pecho derecho y la otra del izquierdo. Como tenían necesidades diferentes, a veces me sentía un poco desequilibrada, pero ellas establecieron su propio aporte. Me resultó más fácil tratar de darles el pecho a la vez, cuando las circunstancias lo permitían, porque mamaban casi una hora y las tomas eran cada dos horas; de lo contrario me habría pasado las 24 horas del día amamantándolas. Pronto adquirí práctica en que agarraran el pecho. Solucionar las cosas, cuando una de ellas soltaba el pecho y éste se volvía loco borboteando leche por todas partes mientras sostenía y seguía alimentando a la otra, no era sencillo. Me di cuenta de que Sophie era la que gritaba más fuerte, y que era más fácil –cuando pasaba esto– apartar a Jude, volver a darle el pecho a Sophie y dejar que Jude reanudara su toma más tarde. Muy injusto, pero salió bien.»*

El cansancio parece ser un factor constante que afecta a las madres de gemelos, sobre todo si ya hay un niño en la familia, como le ocurrió a Meg: *«Había días, sobre todo durante las primeras seis semanas, cuando Jo se iba a las ocho y media de la mañana y volvía hacia las diez de la noche, en que no sabía por dónde tirar. Recuerdo una tarde en que los dos estaban llorando, después de haberles dado el pecho durante todo el día. El mayor estaba llorando en la cama, y yo me senté en el suelo con los bebés en brazos y me eché a llorar también. Estaba agotada de cansancio. La mayoría de las noches me despertaba incluso ocho veces. Nunca se despertaban a la vez durante la noche.»*

Las tomas durante la noche suelen ser más laboriosas que las diurnas. Incluso cuando los bebés prefieren dormir, el aporte de leche tal vez no te permita el lujo de pasar una noche de sueño ininterrumpido.

Pat descubrió que tenía que seguir dando el pecho durante la noche: *«Aunque los gemelos mostraban signos de querer dejar pasar las tomas nocturnas, tenía que seguir dándole el pecho a uno de ellos, el más hambriento. Me resultaba físicamente doloroso pasarme toda la noche sin dar de mamar; el aporte de leche era bueno y* dar el pecho a dos bebés durante el día hacía que los pechos se congestionaran durante la noche.»

Verás, con sorpresa, cuánto necesitas comer para mantenerte a la altura de las necesidades de tus bebés. Producir leche para dos (o más) bebés en crecimiento requiere una enorme cantidad de calorías. La introducción de alimento sólido o el paso gradual a la leche artificial, o una combinación de ambas cosas, en torno a los cuatro meses, ayuda a algunas madres, como Pat: «Los gemelos empezaron a comer alimento sólido a los cuatro meses, sobre todo porque empezaba a costarme mantener mi propio ritmo de consumo de alimentos. Tenía la sensación de pasarme el día comiendo. Un día me comí un pollo entero y luego postre, queso y galletas, y aún habría comido más; decidí que había llegado el momento de introducir alimentos sólidos en la dieta de los gemelos.»

El arroz adaptado permitió a Hilary dormir un poco más: «Casi a los cuatro meses, estábamos tan cansados, que mi marido y la familia me rogaban que les diera leche suplementaria, y ello a pesar de que me extraía leche por la mañana para dársela a última hora de la tarde, cuando estaba más cansada. Sin embargo, los bebés crecían rápidamente y me sentaba mal tener que "renunciar" a la lactancia. Para mi alivio, vino otra auxiliar sanitaria que me daba mucha seguridad y me sugirió que sería mejor darles un poco de arroz adaptado por la tarde, antes que recurrir al biberón.

A partir de esto, después del arroz de las siete, dormían hasta la toma de la noche y de ahí hasta las cinco o las seis de la mañana, momento en que los llevaba a la cama y dejaba que se sirvieran ellos mismos, cambiándolos de pecho medio adormilada. Así pude dormir más y empecé a disfrutar de la experiencia.»

La presión a la que se ven sometidas las madres de gemelos, para que los desteten pronto, puede ser muy fuerte. A la gente le cuesta creer que pueda darse a dos bebés todo el alimento que necesitan durante el tiempo que sea. Olivia aguantó la presión mientras pudo: «A los ocho meses, la preocupación por su peso y los comentarios del tipo: ¿estás segura de que tienes suficiente leche?, me hicieron optar por el biberón. Me satisface haberme opuesto a ello hasta los ocho meses, ya que así conseguí una estrecha relación, casi espiritual, con cada bebé; mientras que darles el biberón hubiera significado que podía alimentarlos cualquiera.»

Las madres que han experimentado los altibajos de amamantar a unos gemelos suelen ser, al igual que Hilary, muy persuasivas hablando de los beneficios de la lactancia materna: «Estoy contenta de haber perseverado. Durante los primeros cuatro meses creíamos que nunca volveríamos a dormir, pero siempre deseé darles el pecho. Cuando empezaron a dormir unas cuantas horas por la noche, fue maravilloso.»

Capítulo 8

Problemas con los pechos

Ojalá, la lactancia de tu hijo vaya viento en popa. Aunque los problemas no son del todo inevitables, algunas mujeres se encuentran con irritaciones menores o contratiempos más serios que parecen presagiar el final de la lactancia. Casi todos los problemas que surgen durante la lactancia tienen solución. En muchos casos, las curas que te puedes hacer tú misma son tan importantes como las intervenciones médicas. En ocasiones, incluso son más importantes, porque descubres la forma en que reaccionan los pechos y evitas que se deterioren en exceso.

Al igual que con cualquier otro aspecto de la crianza, hay mucha gente que ofrece soluciones. A menudo es difícil decidir qué consejo es el mejor, a lo cual se suma el hecho de que las mismas ideas no dan igual resultado en todas las madres. Es probable que se deba a que cada pareja de lactantes es única. Nadie da el pecho ni lo toma igual que tu niño y tú, y esa forma será diferente de la de otras parejas lactantes. Esto significa que tus remedios no son mejores ni peores; si a ti te sirven, son eficaces. Si, al enfrentarte a los consejos contradictorios, sigues tu instinto y quizás las sugerencias que te ofrecemos en este libro, harás lo mejor para el niño y para ti.

PEZONES DOLOROSOS

Circulan diversidad de historias acerca de mujeres que sufren terriblemente cuando dan el pecho. Algunas han escuchado estas historias antes de empezar a dar el pecho, como le pasó a Laura: «*Mi madre me amamantó seis meses, y siempre ha dicho que duele sin descanso, como si te clavaran cuchillos. Pensaba que a mí me ocurriría lo mismo y que no superaría el dolor.*»

133

FICHA DE LACTANCIA

Algunas sugerencias para pezones dolorosos y agrietados

- Pídele a alguien de confianza que compruebe la postura del bebé al mamar, sobre todo si es muy pequeño.

- Cambia la postura de amamantamiento; intenta dale el pecho tumbada o con el cuerpo del bebé bajo un brazo.

- Extrae leche antes de llevarte el bebé al pecho. Estimula la subida de la leche, y al bebé le costará menos mamar al comienzo de la toma.

- Extrae un poco de leche cuando el bebé acabe de mamar; frota con suavidad alrededor de los pezones y deja que se seque.

- Si usas cremas o pomadas, deja de emplearlas, tal vez estén agravando el dolor.

- Ofrécele primero el pecho menos dolorido.

- Evita darte jabón en los pezones, porque reseca la piel.

- Asegúrate de que el bebé pare de succionar antes de apartarlo del pecho.

- Si te han ofrecido una pezonera, intenta usarla lo menos posible. El bebé no podrá tomar un «bocado» amplio del pecho con la pezonera y puede aumentar el dolor en vez de disminuirlo. La pezonera también reduce el flujo de leche, por lo que su empleo disminuye el aporte de leche a largo plazo.

- Si los pezones tienen un aspecto blanquecino y pálido cuando el bebé deja el pecho, puede deberse a una mala circulación de la sangre. Algunas mujeres pueden padecer el síndrome de Reynaud, que provoca palidez. Prueba a beber té y mantener los pechos calientes.

Entre los días siete y diez, algunas mujeres experimentan sensibilidad dolorosa en los pezones o dolor en los pechos. Cuando un bebé mamá con eficacia y siempre que quiere, el malestar suele ser efímero. Por desgracia, en el caso de algunas mujeres como Susy y Leath, ese estado se prolongó durante varias semanas:

«Durante las dos primeras semanas y media tuve mucho dolor, porque tenía los pezones agrietados. Nunca disfrutaba dando el pecho y posponía aquel temido momento hasta que el bebé estaba famélico. Creo que era un problema sin solución porque, como el bebé tenía mucha hambre, succionaba con fuerza. Tal vez, la leche fluía menos porque yo estaba tensa.»

«Leí un consejo que decía que diera primero el pecho menos doloroso, porque el bebé succionaría con más fuerza al estar hambriento. La cosa fue mejor, porque a Ruth le gustaba jugar con el pezón al final de la toma. Además, pasando el peor trago al comienzo, me resultaba más fácil relajarme y disfrutar durante el resto de la toma.»

Sin ayuda, sin información sobre la postura correcta para mamar y sin comprensión, resulta difícil hallar una forma de lactar que no traumatice los pechos. Muchas mujeres prueban toda suerte de remedios en un intento desesperado de hallar alivio al dolor. Elaine hizo varias pruebas: «*Lo probé casi todo: paños calientes, ir con los pechos desnudos, extraer leche con un sacaleches (una agonía), pulverizadores (de ninguna ayuda, y dolorosos sobre los pezones agrietados), crema de caléndula o frotarme los pechos con leche materna. También probé a darle el pecho en distintas posturas, hasta que parecía que lo había agarrado bien, pero a mi marido y a mí nos costaba verle el labio inferior. Cuanto más probaba yo de experimentar, más frustrado estaba y más se enfadaba el bebé.*»

Por suerte, puedes encontrar la ayuda de gente sensibilizada y experta cuando lo necesites, como le pasó a Hilary: «*Se me agrietaron los dos pezones y, al volver a casa, tras cinco días en el hospital, la lactancia resultó cada vez más dolorosa. Sudaba antes de las tomas porque sabía que me iba a doler. David se alteraba y yo también. Matthew fue una gran ayuda en aquel momento: nos calmó a los dos y me sugirió que contactara con una consejera de lactancia, quien me sorprendió porque se brindó a que fuéramos a verla al momento. Observó la lactación, me ayudó a ponerme cómoda y a que el niño adoptara una postura más adecuada. Lo intentamos varias veces, antes de apreciar alguna diferencia, pero yo estaba mucho más relajada. Aquella mujer sabía lo que hacía y me daba la impresión de que se quedaría allí toda la noche si hacía falta. Era alentador. Al final logramos la postura, porque el bebé comenzó a mamar y ya no me dolía; no creía que fuera posible. Fue maravilloso. Charlamos mucho rato, me tranquilizó y nos fuimos a casa. Allí resultó más difícil, pero con la confianza de saber que era posible amamantarlo sin dolor, me animaba a probar de una forma u otra hasta que diera resultado. Al cabo de una semana desaparecieron las grietas de los pezones.*»

A veces, se ofrecen pezoneras a las mujeres con pezones dolorosos. Las pezoneras alivian el dolor y permiten que las grietas se curen, pero no eliminan el origen del problema y suelen traer otros consigo. El pecho no se puede vaciar con tanta eficacia si se lleva pezonera. El bebé no puede llevarse a la boca un bocado grande del pecho, por lo que recibe menos leche en cada toma y, con el tiempo, el aporte se ve reducido. Algunos bebés rechazan el pecho cuando se deja de usar pezonera.

Janice descubrió que las pezoneras eran una bendición, pero con condiciones: «*No había razón alguna que explicase que se me agrietaran los pezones. Aunque la forma de agarrar el pecho el niño parecía correcta, no lo era; tal vez no abría lo suficiente su pequeña boca, tal vez yo lo ponía en una mala postura. La comadrona me recomendó pezoneras hasta que se curaran los pezones, lo cual llevó cuatro días. Tenía ganas de volver* a darle el pecho sin pezonera y estaba preocupada porque el niño perdiera la técnica de agarrar el pecho directamente. Volví a darle el pecho desnudo, un poco en cada toma. Cuatro días más tarde, cuando casi había dejado de lado las pezoneras, los pezones volvieron a agrietarse. Resolví el problema cambiando de postura.»

En el caso de Liza, las pezoneras parecían la solución, pero descubrió algunos inconvenientes: «Cuando nació mi primer hijo, la comadrona del hospital me puso una pezonera para que el bebé mamase los primeros días. Sin embargo, nadie me advirtió de que el bebé se acostumbraría de tal manera a la pezonera que rechazaría el pezón. Por si fuera poco, la pezonera mermaba el aporte de leche.»

Bethan descubrió que necesitaba pezoneras y luego le costó tiempo arreglárselas sin ellas: «La pezonera supone una revelación, pero en más de un sentido. Sí, ahora puedo darle el pecho doloroso con la pezonera, pero el pezón sangra durante la toma. Me trastorna mucho ver leche sanguinolenta acumulándose en la pezonera cuando el niño hace un alto para respirar. En casa, la lactancia con la pezonera sigue representando un éxito razonable y una comodidad relativa. La comadrona me aseguraba que 48 horas eran suficientes para que se curaran las grietas y que el bebé no se alimentaría lo suficiente con la pezonera, y entonces probé sin ella. El dolor me hizo derramar tantas lágrimas que la comadrona prácticamente huyó avergonzada. Tardé casi dos semanas en intentarlo sin la pezonera y, en total, tres semanas hasta convencerme de que iba bien. Ahora, el bebé tiene siete semanas y sigo amamantándolo. Le doy el pecho una media de ocho veces al día y, por lo general, empleo la pezonera en cada lado al menos una vez al día.»

Infección por afta

Los pezones dolorosos aparecen por más razones que la postura del bebé al mamar, tal es el caso de las dermatitis y las infecciones por afta. Necesitarás la ayuda de un profesional sanitario o de una consejera de lactancia que identifique la causa del problema para hallar una solución eficaz.

Darren, el hijo de Pam, contrajo un afta bucal: «Le recetaron antibióticos en el hospital por una infección asintomática en el ombligo. El afta no le molestaba, pero había que tratarlo. Hubo que administrarle gotas cuatro veces al día, y yo me ponía una crema en los pezones dos veces diarias. El afta reapareció varias veces hasta que, tras varias pruebas, un traslado al hospital y un tratamiento con dosis de caballo, nos libramos de ello. Aunque soy propensa al afta, tras siete meses de lactancia con mi segundo hijo, no ha vuelto a aparecer.»

RESEÑA INFORMATIVA

El afta

Mucha gente tiene *Candida albicans*, el hongo responsable de la infección del afta, sin que ello le reporte problema alguno. En la mayoría de los casos no es dañino, pero a veces se multiplica y provoca infecciones. Los antibióticos eliminan las bacterias, y también las bacterias que mantienen estas infecciones a raya, pero, como no matan los hongos, éstos se multiplican libremente. Las infecciones de afta se desarrollan más fácilmente en personas sometidas a algún tipo de tensión, que llevan una dieta pobre, o que están agotadas o anémicas. El afta se transmite con facilidad de la madre al bebé y viceversa.

Identificación del afta

- En el pezón: manchas blancas; los pezones duelen y tienen un color rojo que no desaparece; picor y escamación.
- En la boca del bebé: manchas blancas que no desaparecen.
- Una erupción cutánea, rojiza y dolorosa, en el culito del bebé también puede ser un indicio de afta.
- Un dolor profundo en el pecho, palpitaciones en el pecho entre las tomas y dolor al amamantar, son signos de que hay afta en los conductos de la leche.

Sugerencias que ayudan

- Como el afta prolifera en condiciones alcalinas, evita usar jabón; emplea en su lugar productos de limpieza neutros o agua.
- Una cucharadita de bicarbonato sódico disuelta en una taza de agua caliente produce un líquido ácido que hace remitir el afta.
- Una cucharada sopera de vinagre en un vaso de agua tiene el mismo efecto.
- El yogur natural contiene bacterias que actúan contra el afta; se puede aplicar sobre el pezón y lo aliviará.
- Mantén los pezones secos; la humedad y el calor favorecen el afta.
- Actualmente, se pueden comprar cremas anti-fúngicas sin receta médica. Pide una crema adecuada para el tratamiento de los pezones.

Cuándo buscar ayuda médica

- Si te parece que hay afta acude inmediatamente al médico, porque pocas veces desaparece sin tratamiento.

Probable tratamiento médico

- Una crema, gel o gotas antifúngicas.
- Es importante que tanto tú como el bebé recibáis tratamiento, aunque sólo uno de los dos muestre síntomas, ya que la probabilidad de infección es alta.
- El afta en los conductos de la leche se trata con antifúngicos aplicados al pezón.
- El afta es muy persistente y suele ser necesario un tratamiento durante varias semanas.

Evitar la reaparición

- En los casos de afta recurrente, vale la pena inspeccionar otras áreas en las que suele aparecer esta infección, como la vagina o el culito del bebé. Tal vez sea necesario un tratamiento de toda la familia.
- Intenta no tomar antibióticos; en caso necesario, usa antifúngicos al mismo tiempo.

Es importante que, una vez el afta ha sido identificada, el bebé y tú recibáis tratamiento. Las aftas proliferan en lugares húmedos y cálidos, por lo que el pezón de la madre en contacto con la boca del bebé es el medio perfecto para desarrollarse. A veces, el tratamiento es largo; Jane lo comprobó con su tercer hijo: «*A las seis semanas empezaron a dolerme los pezones. Examiné la boca del bebé y encontré manchitas blancas. Como la prescripción de unas gotas no hizo efecto, empleé un gel oral que dio buen resultado de un día para otro. Me apliqué una crema (indicada para las nalgas del bebé) en los pezones, por sugerencia de un amigo médico, y no por el médico de cabecera.*»

Jane también tuvo afta, cuando su cuarta hija era muy pequeña: «*Los pezones empeoraron en vez de mejorar. Al llegar al décimo día, era tal el dolor que lloraba en cada toma. Se me pasó por la cabeza la posibilidad del afta, pero la rechacé, pensando estúpidamente que no podía haberla contraído con tal rapidez. Una amiga me preguntó si había inspeccionado la boca de la niña; no lo había hecho. La niña estaba despierta cuando recibí la visita de la auxiliar sanitaria, la examinamos inmediatamente y descubrimos numerosas manchitas blancas. Tenía problemas para agarrar el pecho —no me extraña— y al mirarme los pezones más tarde, no pude creer que no me hubiera dado cuenta de su estado. La piel en torno a los pezones había adquirido un color rosado brillante que irradiaba de la areola como las puntas de una estrella. La auxiliar sanitaria llamó al médico de cabecera al momento y recetaron un gel oral a la niña, pero nada para mí. Me puse la crema que tenía de un episodio de afta anterior. Preparé una solución de vinagre, para aplicar de vez en cuando, y expuse los pezones al aire. Empleé pezoneras, pero el dolor apenas remitió. El afta desapareció al cabo de una semana; fue maravilloso disfrutar al fin de la lactancia. Reapareció unas semanas después, pero me di cuenta en seguida y tenía provisión de crema y gel.*»

Otras causas de dolor

En ocasiones, el dolor tiene su origen en otras enfermedades de la piel, como dermatitis o eccemas. Jennifer descubrió que pueden ser difíciles de tratar: «*Empecé la lactancia con un dolor en los pezones que se extendió hasta las areolas y, tras un tratamiento para una posible afta, me diagnosticaron un eccema. Entonces me apliqué una crema de hidrocortisona que, claro está, debía quitarse con agua antes de cada toma. Cuando el bebé cumplió siete meses, la piel empezó a mejorar y con el tiempo pude dejar de usar la hidrocortisona.*»

A veces, los pezones vuelven a doler una vez pasados los primeros días de la lactancia. Puede haber varias razones. Tal vez, al bebé le están saliendo los dientes y la saliva se vuelve temporalmente ácida; también podrías estás embarazada o a punto de recuperar la regla. Sea cual fuere la causa, casi siempre es una afección temporal. Jennifer nos describe los síntomas y su sorpresa cuando descubrió la causa: «*Cuando Carol tenía unos nueve meses, volvió a dolerme el pecho, mucho más que durante los primeros días de la lactancia. Soltaba palabrotas y casi lloraba cuando la niña quería mamar. Me pregunté si podría ser un signo de embarazo, y me hice la prueba en casa. Unos días después, volví a tener el período por primera vez después del parto.*»

PECHOS DOLOROSOS

Conductos bloqueados y mastitis

En ocasiones, uno o más de los conductos por donde circula la leche quedan bloqueados. Puede ocurrir de repente, tras varias semanas de lactancia sin ningún problema. Tal vez descubras un bulto sensible al tacto. Estos bultos tienen su origen en la obstrucción de un conducto, que impide que la leche fluya por él. Suelen aparecer por llevar el sujetador demasiado tenso, por dormir con él (al moverse puede ejercer presión sobre el tejido glandular), por la presión de un brazo sobre el pecho al dormir en una posición extraña o por una contusión al dar un abrazo demasiado efusivo. Los conductos bloqueados necesitan tratamiento inmediato para que no se conviertan en mastitis, pero por fortuna responden bien a las curas.

La gravedad contribuye a que la leche fluya.

139

Sheila descubrió que el bebé era la mejor cura: «*Cuando empezaba a cogerle el tranquillo a la lactancia, empezaron a bloquearse los conductos de la leche. Me dolía mucho; fue lo peor que me sucedió mientras di el pecho. Los bultos eran muy sensibles, y en ocasiones abarcaban un tercio del pecho, durante dos o tres días. Me apliqué compresas calientes y masajes, pero éstos dolían. Probé con un sacaleches, pero no dio resultado. Por lo general, el bulto desaparecía de repente cuando la niña mamaba. A veces me salía otro al cabo de una semana, lo que me deprimía. Continué igual durante cuatro meses; estuve a punto de renunciar. Cuando la mayoría de las mujeres dejan de dar el pecho (en torno a los cuatro meses), las cosas empezaron a ir bien y comencé a disfrutar de la lactancia.*»

RESEÑA INFORMATIVA

CONDUCTOS BLOQUEADOS

Identificación de un bloqueo

- Verás o notarás un bulto.
- Notarás un área sensible.
- Tal vez veas salir grumos de leche sólida del pezón, como manchitas blancas, o bien aparezcan ampollas blancas en el pezón.

Sugerencias que pueden ayudarte

- Amamanta primero al bebé con el pecho que tiene el bulto.
- Dale el pecho y procura que la barbilla del bebé esté lo más cerca posible del bulto, para que la mandíbula inferior lo masajee.
- Recurre a la gravedad para que la leche fluya; pon al bebé de espaldas y deja que el pecho caiga sobre su boca.
- Masajea el pecho con suavidad.
- Aplica calor a los pechos para que fluya la leche.
- Empleando un cepillo de dientes, lubricado con jabón o aceite infantil, frota firme pero suavemente el bulto en dirección al pezón.
- Extrae leche después de las tomas, si notas que sigues teniendo el bulto.
- Hay que prestar atención a la aparición de manchas o ampollas blancas sobre el pezón; necesitarás una aguja esterilizada para pincharlas si no consigues eliminarlas de otro modo.

¿Dan buen resultado?

- El bulto se reducirá gradualmente en tamaño y sensibilidad.
- Puede tardar unos días en desaparecer.

Cuándo buscar ayuda médica

- Si, al cabo de unos días, el bulto no responde a ninguno de los tratamientos enumerados.

Evitar la reaparición

- Asegúrate de que los sujetadores y la ropa no estén demasiado tirantes ni ejerzan presión sobre el tejido glandular.
- Comprueba la postura del bebé al mamar.
- Los dedos no deben hacer presión sobre el tejido glandular cuando le das el pecho.
- Cuando estés amamantando, cambia de postura de vez en cuando.
- No lleves sujetador para dormir.

Las curas que una misma se hace suelen dar resultado, como en el caso de Jean: «*Aún tengo que tener cuidado con los conductos bloqueados, cuando empleo discos absorbentes demasiado a menudo o llevo un sujetador pequeño. Pero, la segunda vez que ocurrió, evité que empeorara practicando los ejercicios de oscilación de brazos y "peinando" el pecho con agua y jabón, tal como me recomendó la consejera de lactancia.*»

Si descubres un bloqueo en el extremo del pezón, como una manchita o ampolla blanca, puede ser debido a una acumulación de sólidos de la leche que se han concentrado en un conducto. Si es recalcitrante será necesario un tratamiento especial para eliminarlo, además de las técnicas habituales de cura.

Carol empleó los conocimientos que tenía como consejera de lactancia: «*Noté la presencia de un área sensible en el pecho derecho, que parecía estar detrás de la areola. Al examinar el área descubrí una ampolla diminuta y blanca, como la cabeza de un alfiler, sobre el pezón. Pinché la ampolla con una aguja desinfectada, pero como me dolía mucho, no quise arriesgarme por si aumentaba el dolor. El bulto debía estar asociado a un conducto bloqueado; cada vez abultaba más, pero por suerte no estaba caliente ni enrojecido. Por tanto, hice lo que normalmente haría para desbloquear un conducto, con la esperanza de aliviarme. Al cabo de tres o cuatro días mejoré, la ampolla había explotado y se había secado.*»

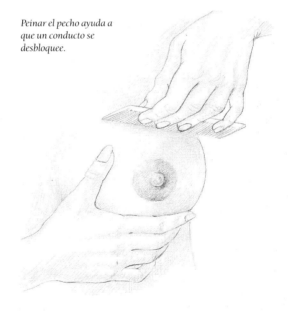

Peinar el pecho ayuda a que un conducto se desbloquee.

Si no se tratan los conductos bloqueados, a veces aumenta la inflamación o aparece una mastitis. Ésta puede desarrollarse con gran rapidez o de forma gradual a partir de un bloqueo. Mastitis significa «inflamación del pecho» y no implica necesariamente una infección. Si acudes al médico con síntomas de dicha alteración, por lo general te dará antibióticos, ya que puede aparecer una infección rápidamente y querrá evitar que se desarrolle un absceso. Pero la parte más importante del tratamiento de una mastitis consiste en aumentar la cantidad de leche que fluye por el pecho, preferiblemente amamantando al bebé con

RESEÑA INFORMATIVA

Mastitis

La mastitis es una inflamación, pero **no** necesariamente una infección. A veces, la leche de un conducto bloqueado se derrama por el tejido glandular. El cuerpo interpreta la presencia de leche como una infección y reacciona aumentando el aporte de sangre, generando inflamación y enrojecimiento del área afectada. Las infecciones en los pechos producen el mismo resultado; no hay forma de asegurar si existe realmente infección, a no ser mediante un análisis de la leche que identifique la presencia de bacterias.

Identificación de una mastitis

- Hay un área inflamada y roja en el pecho (o en todo el pecho).
- Te duele el pecho.
- Tienes síntomas gripales: dolores, temblores, fiebre, cansancio y ganas de llorar.

Sugerencias que pueden ayudar

- Continúa dándole el pecho, aunque te hayan aconsejado que lo dejes porque puede empeorar las cosas.
- Amamanta al bebé con más frecuencia y emplea un sacaleches si el bebé no toma toda la leche de que dispones.
- Dale primero el pecho doloroso.
- Emplea las sugerencias para el tratamiento de un conducto bloqueado (página anterior).
- Los ejercicios de balanceo de brazos te ayudarán a estimular la circulación (fregar el suelo o lavar las ventanas tiene un efecto similar).
- Descansa, si no te encuentras bien.
- Aplícate calor y frío, de forma alternada: paños calientes o agua caliente sobre los pechos, o una ducha o un baño calientes, sobre todo antes de la toma; y compresas frías (un paquete de guisantes congelados, o cubitos de hielo envueltos en una toalla) después de la toma, te ayudarán a reducir la inflamación.

¿Da resultado?

- Los resultados de estas curas tardan entre 12 y 24 horas en aparecer.
- Los síntomas gripales remiten y la inflamación desaparece.

Cuándo buscar ayuda médica

- Si las curas no mejoran la inflamación, después de 12 a 24 horas, o incluso antes si estás preocupada.
- Si la mastitis es recurrente.

Probable intervención médica

- Prescripción de antibióticos (comprueba que son compatibles con la lactancia; en la mayoría de los casos no habrá que interrumpirla).
- El bebé puede mostrarse irritable y/o tener diarrea debido a los antibióticos que le llegan a través de la leche. No es peligroso, pero el bebé pedirá alimentarse con más frecuencia si tiene sed.
- Algunas madres descubren que comer yogur evita la aparición del afta, que puede aparecer si toman antibióticos.

Cómo evitar la recurrencia

- Comprueba la postura del bebé al mamar.
- Cambia con regularidad la postura del bebé al mamar.
- Reduce el consumo de grasas saturadas y evita tomar cafeína (té, café, cola, etc.).
- Evita los pulverizadores y las cremas para los pezones, porque pueden afectar a las defensas naturales de la piel.
- Si la mastitis reaparece más de dos veces, pídele al médico de cabecera que haga una revisión de la nariz y la garganta del bebé, tal vez tenga una infección que te reinfecta.

mayor frecuencia. Interrumpir la lactancia en ese momento empeora las cosas. La mastitis se puede tratar con los mismos remedios que se usan para los conductos bloqueados, pero quizás necesites también antibióticos. A veces, el consumo de antibióticos puede tener consecuencias negativas, tanto para el niño como para ti.

Si realmente tienes mastitis te sentirás deprimida y triste, como Julia: «*Cuando Susan tenía cinco meses tuve mastitis. Aquel día me encontraba bien, por la noche acudieron unos amigos a casa, pero cuando se despidieron ya no pude levantarme. Probé todos los remedios caseros que sabía y seguí dándole el pecho. El médico vino a verme a la mañana siguiente y se mostró comprensivo. Me recomendó continuar con la cura y me recetó antibióticos, para que los tomara sólo en caso de necesidad, porque pasarían al bebé a través de la leche. Aquella noche me sentía tan mal que empecé a tomar los antibióticos. Al cabo de 24 horas, Susan se puso enferma con diarrea y eritema. Dejé los antibióticos de inmediato y la mastitis remitió, pero el eritema de Susan fue tan fuerte que le sangraba la piel cuando le cambiaba el pañal.*
La llevé al médico quien le diagnosticó un afta, y le recetó una crema que debía aplicarle con los cambios de pañal. Durante los cuatro meses siguientes, el afta no remitió y tuvimos que acudir tres veces al médico para que le recetara la misma crema. Si hubiera sabido el daño que causan los antibióticos, bajo ningún concepto los habría tomado.»

Hay mujeres que tienen mastitis una sola vez durante la lactancia, pero otras madres parecen más propensas. Si éste es tu caso, vale la pena descubrir su origen –como una infección en la nariz del bebé– ya que podría reproducirse sin que te dieras cuenta.

Muchas madres vigilan la aparición de los primeros signos de mastitis, y evitan la inflamación sin necesidad de antibióticos, como Jackie: «*Tuve mastitis dándole el pecho a Molly, en dos ocasiones: una durante la novena semana y otra durante la decimotercera, debido, creo yo, a que llevaba un sujetador muy pequeño y a un aumento repentino e inesperado del aporte de leche. Tras la segunda mastitis hablé con una consejera, quien me sugirió que alternara las posturas de amamantamiento para drenar todas las partes del pecho, y que extrajera leche si estaba muy lleno. El sacaleches manual no sirvió de nada y empecé a extraer la leche con la mano, inclinándome sobre un recipiente esterilizado y dejando que el reflejo de la subida de la leche hiciera el resto. Estaba siempre pendiente de que me salieran bultos y probaba toda suerte de posturas extrañas para dar el pecho (imposibles de practicar en público), y cuando me sentía llena solía quitarme el sujetador. Seguí dándole el pecho a Molly hasta los nueve meses, cuando ella quiso dejar de mamar.*»

Dolor en los pechos

A veces, todo el pecho duele y se muestra sensible al tacto aunque parezca no haber síntomas de mastitis. Estos dolores pueden originarse en un afta localizada en los conductos de la leche, lo que provoca un dolor profundo en el pecho, aunque no siempre existe una causa evidente. Tal vez no hayas reconocido aún la mastitis, y te la diagnostiquen después de haber sufrido el dolor durante algún tiempo. Esto puede suceder cuando has tenido pezones dolorosos, porque es fácil confundir la mastitis con una continuación y extensión de dicho dolor, como le pasó a Amy: *«Tuve los pezones agrietados en ambos pechos y la hora de la toma se convirtió en una tortura. Los dolores eran profundos y parecían originarse en las axilas e irradiar por todo el pecho. El dolor se prolongaba durante toda la toma. A menudo lloraba durante las tomas porque me dolía mucho, e incluso antes al pensar en lo que iba a suceder. Intenté muchas cosas: paños calientes, ir con el pecho desnudo, extraer leche, aplicarme un pulverizador. También probé distintas posturas, y rectificaba la posición del bebé al pecho hasta que la fijación parecía correcta. En Navidad, cuando el bebé tenía unas tres semanas, fui a casa de mis padres y mi madre insistió en que viese a un médico porque tenía el pecho inflamado. Me diagnosticaron mastitis y me recetaron antibióticos. Al cabo de unos días remitió el dolor profundo en el pecho y fue más fácil conseguir que el bebé lo agarrara. A las seis semanas, sólo me dolía cuando el niño agarraba el pecho, y a las ocho semanas ya no me dolía durante las tomas: dos años y tres meses después todavía estoy amamantando a Timothy.»*

Abscesos

Los abscesos mamarios son una afección muy desagradable que necesita varias semanas para curarse. En ocasiones, el absceso responde a los antibióticos sin necesidad de intervención médica pero, por lo general, hay que sajarlo y drenarlo en el hospital. A veces se puede aspirar. El caso de Jayne es típico: *«Después de unas siete semanas, me salió un absceso en un pecho. Antes de saberlo, luché contra aquel malestar cada vez mayor creyendo que sería un conducto bloqueado. Al final, cuando me llevaron al médico, me diagnosticaron mastitis, pero tras tres tandas de antibióticos y muchos dolores terminé en el hospital. El absceso era tan grande que tuvieron que drenarlo después de la operación, y durante dos semanas tuve que acudir diariamente al hospital, y tres veces a la semana a la enfermera de cirugía, hasta que me pusieron un apósito. Durante este período, ansiaba poder ducharme o tomar un baño sin tener que preocuparme por dejar leche por todas partes o que se mojaran los apósitos.»*

RESEÑA INFORMATIVA

Los abscesos

Los abscesos pueden ser el producto de una mastitis o de un conducto bloqueado mal tratados, sobre todo si se ha seguido el consejo de interrumpir la lactancia. Los abscesos también pueden desarrollarse sin que se detecte ningún otro síntoma.

Identificación de un absceso

- Notarás un bulto blando en el pecho.
- A veces hay pus en la leche.
- El bulto puede doler o no.
- Te sentirás enferma, al igual que con una mastitis.

Sugerencias que pueden ayudar

- Continúa con la lactancia, si el bebé no se pone mal del estómago por culpa de la sangre o el pus en la leche.
- Extrae leche del pecho afectado y continúa dándole el otro para mantener el aporte, cuando el bebé no tolere la presencia de pus en la leche.

Cuándo buscar ayuda médica

- Inmediatamente: los abscesos son una afección que necesita tratamiento inmediato.

Probable intervención médica

- Antibióticos.
- Sajar el absceso y drenarlo.
- Aspirar el absceso insertando una jeringa y extrayendo el pus. Se suele hacer en una o dos veces.
- La aspiración es menos traumática y significa una menor interrupción de la lactancia.

Cómo evitar la recurrencia

- Si el absceso es producto de una mastitis o de un conducto bloqueado mal tratados, sigue las sugerencias indicadas anteriormente sobre esta afección.
- No destetes repentinamente al bebé.

SANGRE EN LA LECHE O EN EL CALOSTRO

Algunas veces, durante el embarazo, podrías notar la presencia de hilillos de sangre en el calostro que rezuma de los pechos. Si hay mucha sangre, el calostro tendrá la apariencia de té o café. En el caso de algunas mujeres, la presencia de sangre en el calostro continúa después del parto sin que tengan pezones dolorosos o agrietados.

Puede ser causa de alarma, sobre todo porque no parece haber mucha información sobre este fenómeno en los libros de lactancia natural. Se observa con sospecha entre los profesionales sanitarios, por lo que tal vez te hagan pensar que es algo siniestro, como le ocurrió a Lilian: *«Dos días después del nacimiento de mi primer hijo, descubrí horrorizada la presencia de sangre en el calostro del pecho izquierdo.*

Se lo comenté en seguida a la enfermera, pero nadie parecía haberse encontrado con un caso parecido. Su reacción me asustó y estaba convencida de que tenía algo grave.»

Nadine llevaba 16 semanas de embarazo cuando sus pechos comenzaron a rezumar: *«Me quedé horrorizada al descubrir algo parecido a sangre en el calostro. Estaba preocupada porque sólo me había afectado a un pecho, y me imaginé toda clase de enfermedades terribles. Cuando el segundo pecho empezó a "sangrar" me sentí muy aliviada, porque al sangrar los dos debía de ser algo relacionado con el embarazo y no con un cáncer.»*

Sandy tampoco obtuvo mucho consuelo: *«Estaba inquieta con el asunto, sobre todo después de hablar con una de las comadronas, quien dijo que la sangre en la leche solía imposibilitar la lactancia, porque los bebés se ponían mal del estómago. Durante el parto, una o dos comadronas se mostraron sorprendidas de ver "sangre" en mi bata de hospital, antes de nacer el niño. Una de ellas consultó algún libro especializado y volvió diciéndome que aquello se consideraba una descarga de color rojo y no sangre. Otra dijo que sólo había visto un caso en su vida.»*

En la mayoría de las madres, la sangre desaparece cuando la leche sube y la lactancia se establece con normalidad. El bebé no se verá afectado por la sangre. A algunas mujeres, como Liz, se les recomendó que extrajeran leche y aliviaran el pecho afectado: *«Vi a la enfermera de lactancia en la sala y me recomendó el uso de un extractor eléctrico en el pecho afectado, hasta que desapareciera la sangre de la leche, y que continuara amamantándolo con el otro pecho. Una vez la leche subió convenientemente, la sangre desapareció gradualmente hasta que un examen final de una muestra de leche indicó que podía amamantarlo con ambos pechos. ¡Qué alivio!»*

Agnes tuvo que calmar a las enfermeras, y no al contrario: *«Al nacer mi hijo, me lo pusieron al pecho de inmediato y empezó a mamar en seguida. No tuvo problema con el sabor de la leche y tampoco parecía "mareado". Fue necesario calmar a las enfermeras un par de veces porque en una ocasión, durante los primeros días, en que el bebé vomitó después de una toma, la leche tenía un color marrón anaranjado. Por suerte, cuando me subió la leche era normal y la "hemorragia" paró.»*

Es posible que la sangre que aparezca en la leche o el calostro semeje una hemorragia nasal. Las células que cubren los conductos de la leche son abastecidas por frágiles capilares. Algunos de estos capilares pueden romperse de forma espontánea, o por haber extraído el calostro con demasiado entusiasmo. Son muy pocas las ocasiones en que la sangre no desaparece, en cuyo caso es aconsejable consultar a un médico para que compruebe si hay algún motivo de preocupación.

Capítulo 9

Problemas durante la lactancia

En ocasiones, aun cuando la lactancia materna parece ir bien, el bebé se muestra intranquilo o difícil de manejar. Tal vez te preguntes si estás haciendo algo mal o dudas que la lactación le satisfaga, preocupación comprensible ya que eres la única responsable de la nutrición del bebé. En muchos casos no hay respuesta posible, ya que los bebés, como personas que son, tienen estados de ánimo y emociones y además las manifiestan ruidosamente. A veces, es posible encontrar alguna relación entre ese malestar y la lactancia y, mediante su identificación, la dificultad suele superarse con éxito. Las claves del éxito son tener paciencia y probar diferentes alternativas.

BEBÉS LLORONES

Durante las primeras semanas en casa, comenzarás a comprender e interpretar el «lenguaje» del bebé. Descubrirás las respuestas apropiadas a sus lloros, y con las cuales esperas conseguir que deje de llorar. Es un deseo lógico y natural, ya que es angustioso oír a un bebé que llora. Tal vez, incluso presumáis de que como padres sois siempre capaces de hallar un remedio mágico.

Parece que, al llorar, se crea cierta presión sobre los nuevos padres para que encuentren el «remedio» lo más pronto posible. Familiares bienintencionados preguntan: ¿ya se ha calmado el bebé?, es decir, ¿ya entendéis al bebé y respondéis de forma que no llore mucho? Indudablemente existe un deseo de que «las cosas se calmen» tras el nacimiento del bebé.

Por lo general, «las cosas» suelen volverse más fáciles tras las dos primeras semanas, pero, por desgracia, no siempre es así. Cuando oyes llorar al bebé y el repertorio de consuelos no lo calma, sobreviene un momento difícil. Por suerte para la mayoría de los padres, el tiempo de lloros inconsolables es limitado, aunque algunos tienen que soportarlo durante más tiempo y es muy angustioso, como experimentó Mary: *«Fue bien hasta que tuvo tres semanas, entonces comenzó a llorar toda la noche. Le daba el pecho y sólo dejaba de llorar cuando la acunaba. La amamantaba y se calmaba un rato, y luego comenzaba otra vez a llorar. Fue una época difícil, y ojalá hubiera oído hablar de la NCT y de las consejeras de lactancia. Sin embargo, batallé con determinación porque creía que era mejor darle el pecho, si bien a menudo me decían lo contrario. Mi suegra me dijo que debía darle el biberón porque mi leche era a todas luces escasa. Llevaba a Harriet continuamente al centro de salud, y la auxiliar sanitaria me aseguraba que estaba bien y que ganaba suficiente peso, a veces casi 500 gramos semanales. Necesitaba que me repitieran que el aporte de leche era suficiente y, por suerte, así fue. Entre tanto pasó el tiempo y Harriet seguía llorando la mayor parte de la noche; la auxiliar sanitaria me sugirió que limitara las tomas a intervalos de tres horas, para no sobreestimular el aporte de leche y para evitarle dolor de barriga al bebé. Consulté al médico de cabecera, pero me volvió a asegurar que el bebé estaba sano, y no me dio ninguna solución o consejo concreto. Me dolió pensar que estos problemas fueran resultado de mi incompetencia, aunque siguiera creyendo que estaba haciéndolo bien. Al final, las cosas mejoraron; la niña lloraba menos, pedía menos tomas y dormía más, pero la mejora era muy gradual. Busqué resolver el problema leyendo todo lo que podía sobre lactancia y bebés llorones, pero nunca llegué a una conclusión sobre el origen de los lloros de Harriet. Me preguntaba si sufriría alguna intolerancia a algún producto lácteo, a través de mi leche; aunque lo intenté, me resultó difícil eliminarla de su dieta y no perseveré mucho tiempo. Sigo sin saber si Harriet tuvo cólicos o dolores de barriga, o bien si yo tenía un aporte demasiado abundante de leche.»*

Mary buscó una explicación y no la encontró. Por suerte, pudo seguir adelante con la lactancia apoyándose en la idea de que era lo mejor para el bebé y para ella. No todas las mujeres confían tanto en la leche materna, sobre todo cuando tienen un bebé infeliz, pues la confianza está unida estrechamente a ello.

La imagen que muchas madres tienen de la maternidad suele estar compuesta de mensajes publicitarios. Estos mensajes son muy explícitos: los bebés felices tienen madres «buenas». Las madres que tengan niños llorones asociarán con facilidad a un bebé infeliz y llorón con una madre «mala». Esto puede desmoralizar por completo y hacer creer que el malestar del bebé es culpa de una. Por ejemplo, un comentario desafortunado, como que el bebé llora posiblememte por la «naturaleza» de tu leche, puede herirte y provocar que renuncies a dar el pecho. Aunque, a pesar de algún momento conflictivo, sepas que no es este el caso, tal vez te pueda parecer una «carga» demasiado pesada para llevar a la espalda.

FICHA DE LACTANCIA

Ideas para consolar a un bebé que llora

- Ofrécele el pecho, si no para alimentarlo, al menos para consolarlo.

- Los bebés muy pequeños necesitan chupar. Algunos bebés necesitan pasar más tiempo chupando que otros. Puedes darle un chupete, pero sé consciente de que a veces afectan a la capacidad del bebé para mamar el pecho.

- Puede chuparse el dedo durante un rato.

- Cógelo en brazos y tenlo a tu lado. Los latidos de tu corazón son un sonido reconfortante. Algunos bebés prefieren estar en alto, al lado del hombro.

- A los bebés les gusta que les den golpecitos rítmicos. Las caricias les ayudan a sentirse seguros.

- A algunos bebés les gusta que los fajen, práctica muy antigua. Tumba al bebé sobre un chal, sábana o manta y fájalo bien, con los brazos junto al cuerpo.

- El agua caliente también les relaja. Dale un baño o, aún mejor, báñate con él.

- Muéstrale su cara reflejada en un espejo. A los bebés les fascinan las caras. El espejo le dará una nueva perspectiva de su madre o su padre.

- El sonido de las voces de los padres consolándole con dulzura puede ser eficaz.

- Ofrécele vistas o experiencias distintas, por ejemplo, un paseo en coche o el tambor de la lavadora dando vueltas.

- Un ruido monótono, como el de un aspirador, calma a algunos bebés malhumorados. Otros responden a grabaciones con ruidos del útero, si son introducidas durante las primeras semanas.

- Los bebés ya mayores pueden disfrutar dando pataditas sobre una esterilla y sin pañal.

- A los bebés mayores les gusta estar sentados en una sillita mecedora y mirar a sus padres.

- También puede disfrutar tumbado en el cochecito, en el jardín; se distraerá con las hojas de los árboles y las nubes.

- A veces, los bebés lloran porque quieren dormir pero están demasiado cansados para ello. Abrazarlos, hablarles con dulzura y mantener la calma les ayuda a relajarse y dormir.

- Si los lloros son superiores a tus fuerzas, ponlo en la cuna o el cochecito y déjalo allí unos minutos, mientras te recuperas.

- Cuenta con la ayuda de alguien para tener tiempo libre.

- Telefonea a alguna amiga o consejera de lactancia y explícale cómo estás.

- Si la situación se te escapa de las manos, contacta con un grupo de apoyo especial para casos así.

- Pídele ayuda a la auxiliar sanitaria.

- Si sospechas que el bebé es alérgico a los productos lácteos de tu dieta, pídele información a la consejera de lactancia.

LOS CÓLICOS

En ocasiones, se sugiere que los lloros del bebé son consecuencia de «cólicos» o «dolores de barriga». No existe consenso sobre el origen de este tipo de lloros, aunque según los padres, parece que sean de una «cualidad» y sonido distintos, como si el bebé estuviera angustiado.

A veces, una explicación alivia un poco la angustia, aunque se siga aguantando a un bebé llorón, como en el caso de Nina: «*Mi hijo Josh, ahora de seis meses, sufrió un "cólico" durante las primeras doce semanas de vida. Al principio disfrutaba de la intimidad de amamantarlo pero, cuando el cólico empeoró, me sentí culpable como si fuera culpa mía su dolor. Me preguntaba si le pasaría algo a la leche. Acudí con él a diferentes médicos, preocupada por si le pasaba algo, pues lloraba constantemente día y noche (o eso me parecía). La médico me explicó que como era un bebé grande (pesó 4,1 kilos al nacer) pasaba hambre y, al tragar la leche muy deprisa, se llenaba rápidamente de aire. Es verdad que nunca eructaba, a pesar de que intentábamos que soltara el aire, y aquello debía ser parte del problema. Comenzaba a comer, pero a los pocos minutos se echaba a llorar y no podía tomar mucha leche. Yo me desesperaba.*
Mucha gente me dijo que "le diera el biberón" porque tendría hambre, pero no creo que fuera el caso. A veces me ponía muy nerviosa al darle el pecho, porque se mostraba infeliz e intranquilo. Mi marido y yo le paseábamos por turnos en brazos por la habitación: aunque no se aliviaba mucho, al menos hacíamos algo por consolarlo. Me alegra que haya pasado aquello y que ahora sea un niño feliz; lo llaman el "cólico de los tres meses"; os aseguro que tres meses pueden ser una eternidad.»

Si los lloros persistentes se producen sobre todo al anochecer, puede ser que se deba a que es el momento del día en que estás más ocupada. Tal vez, el bebé no recibe suficiente comida y cariño mientras estás ocupada con los quehaceres domésticos. Esto es especialmente importante cuando tienes otros hijos de quienes cuidar. Algunas mujeres se dan cuenta y reajustan sus quehaceres de acuerdo con ello.

Así lo hizo Paula: «*Algunas noches, Charlotte estaba intranquila, lloraba desesperadamente para que le diera el pecho, pero lo rechazaba. Por supuesto, se trata de un comportamiento típico de los bebés pequeños. Al cabo de varias semanas, relacioné el hecho de que hubiera comido poco o no hubiera merendado con sus gritos, capaces de tirar la casa abajo.*
Para la mayoría de nosotras, la tarde y el comienzo de la noche es cuando estamos más ocupadas, a veces de forma casi frenética. La hora de la cena me deja agotada. Para

soportarlo procuro comer una merienda considerable, cuando vuelvo a casa con Hannah de la escuela. Preparo la cena antes o compro platos precocinados. Me ocupo de las tareas urgentes durante el día o, si no puedo, las postergo. Esto me ayuda a descongestionar el ritmo del final del día.»

Ante la posibilidad de que el bebé tenga algún problema de salud, pide la opinión de los profesionales sanitarios encargados de tu asistencia.

Colette relacionó varias cosas, retrospectivamente, tras haber leído sobre las intolerancias alimentarias: *«En torno a los diez días de edad, Graham sufrió un cólico infantil grave. Como la mayoría de los padres primerizos, nunca habíamos oído hablar de esta enfermedad y estábamos aterrorizados al ver que no se podía hacer nada. Probamos con agua de arroz, un medicamento y masajes (aunque no craneal, porque no hay un especialista en la localidad), es decir, los remedios habituales. La auxiliar sanitaria sólo pudo sugerirme que evitara las comidas con especias o muy fuertes; y la consejera de lactancia se limitó a darme su apoyo moral. Entonces, mi madre me habló de alguien que había tenido un problema parecido y había descubierto que la culpa era de los productos lácteos de su dieta. Dejé de tomar leche, queso y muchas otras cosas, y al cabo de una semana el cólico desapareció. Siempre que introducía pequeñas cantidades de leche, el cólico volvía, normalmente veinticuatro horas después de haberla ingerido, y tardaba tres días en desaparecer, durante los cuales Graham lloraba de dolor durante toda la noche, a veces sin parar hasta las cinco de la madrugada. Al final dejé de tomar productos lácteos hasta que desteté a Graham a los ocho meses. No me resultó tan difícil como pensaba; de hecho, la leche de vaca me sabía rara. Echaba de menos el queso, porque nuestra dieta suele ser en gran medida vegetariana, pero fue un precio muy bajo el que tuve que pagar para que dejara los cólicos. Cualquiera que lo haya pasado estará de acuerdo.*

El principal problema con las dietas sin productos lácteos era la actitud de los demás; la auxiliar sanitaria no se creía que la leche, etc., fuera culpable del cólico, y seguía sugiriéndome otras causas posibles: el curry, el zumo de naranja, las uvas. También me enteré de que algunos profesionales sanitarios y miembros de la NCT asociaban los productos lácteos y el cólico, pero no me habían dicho que pudiera ser la causa. Una amiga canadiense me prestó hace poco un artículo de una revista dirigida a los auxiliares sanitarios que citaba una investigación que demostraba que, al menos un tercio de los bebés con cólicos, mejora notablemente si la madre deja de beber leche. Las personas enteradas podían habérmelo dicho desde el principio, y habría librado a Graham de varias semanas de dolor, y a mi marido y a mí de varias semanas de insomnio.

La consejera de lactancia, una vez aislada la causa del cólico, me dio una hoja con una dieta en donde se explicaba la importancia de mantener un consumo alto de calcio.

Durante ocho meses incluí en mi dieta semillas de sésamo y sardinas –por separado– para asegurarme de que los huesos de Graham crecieran y evitar la osteoporosis.»

Los bebés nacidos en el seno de familias con un historial de alergias son más propensos a mostrar sensibilidad a distintas sustancias, y la leche de vaca es uno de los alérgenos más probables. La exposición al alérgeno provocará algún tipo de reacción y el bebé, por lo general, se mostrará intranquilo y poco alegre. Tal vez sea porque le dieron en el hospital un biberón con leche de vaca en su composición, o porque una complementación temprana con leche artificial sea suficiente para que un bebé sensible note la presencia de derivados de la leche de vaca en la leche materna. En tales circunstancias, eliminar los productos lácteos de la dieta os aliviará al bebé y a ti. Si crees que el bebé es alérgico a alguna otra sustancia de tu dieta, habla con el auxiliar sanitario o con un dietista.

A veces, el bebé llora porque es sensible a algo que ingiere directamente, por ejemplo, gotas con vitaminas; o a través de la leche materna, por ejemplo, si tomas pastillas con hierro o vitaminas. Ante un bebé llorón, muchas madres revisan con cuidado lo que éste toma. Por lo general, la cafeína es uno de los estimulantes más comunes; es posible que el consumo de bebidas con cafeína supere el equivalente a cinco cafés diarios en muchas madres, y que esto afecte negativamente a algunos bebés, volviéndolos más quisquillosos de lo habitual. Tienen que transcurrir unas dos semanas sin consumir este tipo de sustancias para que desaparezcan totalmente de la leche materna. Tendrás que perseverar y excluir de la dieta la sustancia en cuestión, para descartar una posible causa de irritabilidad del bebé. Una vez más, consulta al médico antes de excluir algún producto de la dieta. Lo más sensato es hablar con el médico, el auxiliar sanitario o el dietista antes de empezar. Tal vez te den buenos consejos. Las consejeras de lactancia de la NCT también te proporcionarán información útil.

Si las deposiciones del bebé son acuosas y verdes, y no gana peso con rapidez a pesar de disponer de leche abundante, tal vez haya un desequilibrio entre el consumo de leche inicial y el de leche posterior. La leche inicial –más acuosa– es rica en lactosa, y demasiada lactosa estimula el paso de la leche materna con excesiva rapidez por el intestino del bebé. Necesita consumir tanto la leche inicial como la leche posterior rica en grasas y calorías, por ello, intenta que acabe primero un pecho antes de ofrecerle el otro. Quizá, a medida que pase el tiempo, el bebé prefiera tomar sólo un pecho en cada toma. No siempre hay una «respuesta» satisfactoria: algunos bebés lloran a pesar de los esfuerzos por calmarlos. Por supuesto, cuanto más consuelo y apoyo recibas durante esta fase de la vida del bebé, mejor.

RECHAZO DEL PECHO

Una de las experiencias más angustiosas que una madre lactante puede tener es que el bebé de repente rechace el pecho, a veces después de meses de lactancia feliz, como recuerda Annabel: *«La leche parecía subir con fuerza, sobre todo en un pecho, y Tracey lo rechazaba tosiendo y buscando aire. A menudo se negaba a tomar el pecho durante algún tiempo, porque estaba muy inquieta. Me sentía fracasada. Quería que la lactancia fuera una experiencia agradable para los dos y, en vez de esto, me parecía estar torturando al bebé.»*

Cuando Simon, el bebé de Lee, tenía nueve meses, poseía seis dientes de los que estaba muy orgulloso; pero, por desgracia, intentaba probarlos mientras mamaba. Un día mordió con fuerza y Lee reaccionó diciendo automáticamente "no": *«Al día siguiente, Simon mamó como era habitual pero al otro no comió nada. Se echaba a llorar cuando trataba de agarrar el pecho y se ponía nervioso. Al principio no estaba segura de la causa y sopesé todas las posibilidades, como un cambio del sabor de la leche, del olor, etc. Al final pensé que debía de haber sido por mi reacción por morderme. Durante los días siguientes estuvimos muy molestos. Me sentía tan culpable que estuve a punto de renunciar a darle el pecho. Extraje leche para dársela con una taza, porque quería mantener el aporte. La gente, para ayudarme, me decía sobre todo: "Tiene nueve meses, quizá sea el momento de destetarlo." Aunque fueran bienintencionados, esos comentarios no me ayudaron porque aún no quería destetarlo. ¿Por qué se piensa que las madres están buscando una excusa para dejar de dar el pecho en cuanto el bebé cumple los seis meses? Perseveré, le di mucho cariño y muchos abrazos, y al quinto día volvió a tomar el pecho como si nada hubiera ocurrido. Simon va a cumplir un año y sigo dándole tres tomas diarias.»*

Lee ha descrito el caso de un bebé que se negó a mamar después de un incidente traumático; pero un bebé también puede rechazar el pecho porque sí. Puede patalear y gritar, oponiendo resistencia al ofrecerle el pecho. Las tomas son cada vez más difíciles y la situación se puede prolongar varios días. Por lo general, el rechazo repentino del pecho no es un signo de que el bebé quiera ser destetado. Obviamente está alterado, pero es difícil identificar la causa.

A veces, el bebé puede estar realmente enfermo. Lee describe la reacción de su segundo hijo: *«Cuando tenía ocho meses, se puso enfermo y no comía sólidos ni líquidos, incluida mi leche. Se deshidrató y lo ingresaron en el hospital. La mayoría de los profesionales sanitarios a quienes consulté no entendían por qué me afectaba tanto su rechazo, pero la forma más natural de consolarlo era darle el pecho y me sentía muy triste al verle llorar. Finalmente, le diagnosticaron una infección por estreptococos hemolíticos en*

RESEÑA INFORMATIVA

Posibles causas de rechazo del pecho

No es fácil descubrir qué razones tiene un bebé para rechazar de repente el pecho. Sin embargo, hay varias cosas que puedes comprobar:

- La postura al mamar: comprueba que el bebé agarra el pecho correctamente.

- Un problema en el frenillo de la lengua: si la lengua del bebé está «pegada» al cielo del paladar tendrá problemas para mamar.

- Actitud confundida ante el pezón: si lo has alimentado con biberón puede estar confundido. Quizás haya olvidado la forma de mamar el pecho o le resulte más fácil el biberón.

- Pezoneras: a veces se recomiendan a las mujeres con pezones dolorosos, pero puede que el bebé se acostumbre a mamar con la pezonera y luego rechace el pecho.

- Afta: los bebés con afta en la boca sienten dolor y quizá les duela al succionar.

- Un reflejo de subida de la leche fuerte: si se produce con gran rapidez y deja salir un gran chorro de leche, el bebé toserá al tragar tan rápido. Intentará respirar y dejará el pecho tosiendo y balbuciendo. A lo mejor no quiere repetir la experiencia.

- Una infección de oído: si el bebé ha estado costipado o gangueaba con la nariz recientemente, tal vez tenga una infección de oído y sienta dolor cuando succione o trague.

- Alergia a alguna comida: en ocasiones, el bebé sufre una reacción alérgica a algo que hayas comido o bebido, o a una medicación que hayas tomado.

- Cambio de sabor de la leche materna: se relaciona con la causa anterior, ya que algunos alimentos, bebidas o fármacos alteran el sabor de la leche materna y tal vez no le guste al bebé. Una mastitis o un conducto bloqueado también pueden alterar el sabor, a veces sólo en el pecho afectado, y la leche sabrá salada durante un tiempo.

- Cambio de olor: los bebés son muy sensibles al olor. Tal vez hayas cambiado de detergente o suavizante, o uses un nuevo desodorante, champú o laca. ¿Te han regalado algún perfume? Es posible que el bebé rechace un cambio de este tipo.

- La menstruación: el sabor o composición de la leche puede alterarse con la regla. A algunos bebés no les gusta mamar durante este período, pero vuelven a tomar el pecho sin problemas cuando termina.

- Dentición: las encías o la mandíbula del bebé pueden ser sensibles al tacto cuando le está saliendo un diente, por lo que quizá sea reacio a mamar.

- Una edad difícil: el bebé, entre los cuatro y seis meses, se distrae del pecho con cualquier cosa. También puede ser sensible a los ruidos de su alrededor y oponerse a mamar en un ambiente ruidoso.

FICHA DE LACTANCIA

Sugerencias para evitar el rechazo del pecho

- Mantén la calma. El bebé no te rechaza a ti, en realidad necesita que lo ayudes a pasar este momento de dificultad.

- Háblale, consuélalo con la dulzura de tu voz.

- El contacto de su piel con la tuya le consolará. Mécelo contigo, pero no le des el pecho si no da claras muestras de quererlo.

- Ofrécele el pecho cuando el bebé duerma o esté soñoliento.

- Cambia la postura en que lo coges; siéntalo o túmbalo para amamantarlo.

- Mecerlo es útil y también andar mientras se le da el pecho. Si tienes una silla mecedora tal vez se tranquilice.

- Estimula el reflejo de subida de la leche antes de ofrecerle el pecho. Si el bebé recibe una «recompensa inmediata» al agarrar el pecho es posible que continúe mamando. Esto es especialmente útil cuando el bebé se ha acostumbrado a tomar el biberón, ya que así no tiene que esforzarse para que suba la leche. También ayuda a eliminar el primer chorro de leche si la subida es fuerte.

- Extrae leche para mantener el aporte, hasta que el bebé quiera mamar de nuevo. Dale la leche extraída en una taza hasta que esté preparado para volver a tomar el pecho.

- Si el bebé se altera cuando intentas que mame, déjalo y vuelve a intentarlo más tarde. Obligarlo empeorará la situación.

- Si el bebé se ha vuelto «adicto» a la pezonera, recorta la punta, un poco cada día, hasta que puedas amamantarlo sin ella.

---

la garganta, que le impedía tragar. Llevaba cinco días sin mamar y, aunque le pusieron un tratamiento que hizo efecto con rapidez, asociaba el pecho con el dolor y lloraba cuando me levantaba el jersey con la intención de amamantarlo. Me afectaba mucho, pero estaba decidida a que volviera a tomar el pecho.

Al principio lo cogía en brazos y lo mantenía cerca del pecho cuando se dormía; a medida que pasaron los días, empecé a colocar el pezón cerca de su boca y a ponerle unas cuantas gotas sobre

los labios. Un día agarró el pecho durante el sueño y me quedé como una estatua. Durante los días siguientes le di el pecho mientras dormía, porque aún se ponía hecho una fiera cuando lo intentaba despierto. Gradualmente empezó a abrir los ojos al mamar. Al principio soltaba el pecho y lloraba; yo le consolaba, pero un día abrió los ojos y siguió mamando tan feliz. El proceso duró dos semanas.»

BEBÉS QUE MUERDEN

Cuando empiezan a salirle los dientes al bebé, te preocupará que te pueda morder cuando mama. A la mayoría de los bebés les salen los dientes y siguen tomando el pecho sin problemas, durante esta fase. Los bebés necesitan poner la lengua encima de los dientes inferiores para succionar. El momento de mayor «peligro» es, a menudo, cuando ha terminado la toma y quiere «jugar» con el pecho. A medida que se hace mayor, el juego tal vez incluya un «mordisco» al pezón cuando para de succionar. Por lo general, un firme «¡no!» es suficiente para evitar que se repita el juego.

El primer hijo de Patti la mordió una vez: *«Le dije: "¡No!" en voz alta y con firmeza, y le quité el pecho. Ya no volvió a morderme. Mi segundo hijo me mordió varias veces, pero por lo general después de salirle un diente, y me hacía cortes en la piel muy dolorosos. Pero perseveré, y una vez se acostumbraba al nuevo diente (de tres a seis días) volvíamos a la normalidad.»*

A veces, existe una relación entre las mordeduras del bebé y algo que te afecta a ti, como el reinicio de la regla o algo que has comido o bebido. Suele ser un problema temporal que se soluciona por sí solo, como le pasó a Debbie: *«Cuando mi hija tenía un año, comenzó a morderme en las sucesivas tomas (tres diarias). Al terminar la toma, me cogía el pezón con los dientes y estiraba. Nunca lo había hecho, y dejó de hacerlo una semana después.*

Entonces me di cuenta de que acababa de tener el primer período, y que me había mordido el día antes de que me viniera la regla. Volvió a morder un par de veces durante el período siguiente y no volvió a hacerlo más.»

RELACTACIÓN

La leche materna es una fuente tan flexible que puedes cambiar de idea y volver a darle el pecho, incluso si has comenzado a darle biberones o has dejado de amamantarlo. Puedes decidirte en cualquier momento después de tener al niño,

FICHA DE LACTANCIA

BEBÉS QUE MUERDEN

Cuándo puede morder un bebé

- Durante la dentición: a los bebés les gusta morder cualquier cosa para aliviar su malestar. Es útil ofrecerles algo frío que morder antes de la toma. Si empleas gel para la dentición, asegúrate de que no entumeces la lengua del bebé, porque dificultaría que agarrara el pecho.

- Un reflejo de subida de la leche lento: a veces, el bebé quiere que la leche fluya con más rapidez. Tal vez muerda por frustración y para «que salga más rápido». Comprueba la postura del bebé al mamar, porque no mamará con eficacia si no está bien fijo al pecho. Aplícate calor antes de la toma para relajarte y acelerar la subida de la leche.

- Para llamar la atención: tal vez quiera que le prestes más atención cuando le das el pecho, sobre todo si ya tiene cierta edad. Préstale toda tu atención; háblale mirándole a los ojos.

- Por distracción o falta de interés: si intentas darle el pecho y no cuentas con todo su interés, tal vez te muerda si lo apremias a que lo agarre. Si se distrae mientras mama, puede morder al volverse a mirar cualquier cosa que capte su atención, cogiendo el pezón entre los dientes. En ese caso, necesitarás un lugar tranquilo durante un tiempo.

- Al final de una toma: cuando el bebé está finalizando una toma, tal vez abandone la succión y muerda al dejar el pezón. Anticípate, si ves en su mandíbula la tensión previa al mordisco. Procura que deje de succionar con suavidad y que deje el pezón correctamente.

Si el bebé muerde

- La primera vez que el bebé te muerda es probable que reacciones gritando y que asustes al bebé, lo cual puede ser suficiente para que no vuelva a ocurrir.

- No entenderá la causa de tu disgusto, y quizá se asuste de tan repentina reacción y no quiera volver a tomar el pecho. Mantén la calma.

- No intentes quitarlo del pecho mientras está mordiendo, porque te causará más daño aún. Desliza el dedo pulgar por la comisura de la boca e intenta que libere el pezón.

- Dile ¡No! con firmeza y deja de amamantarlo.

- Si persiste, déjalo en el suelo un rato después de separarlo. La mayoría de los bebés reaccionarán relacionando la separación con el mordisco y no les gustará.

- Si te duelen los pezones, sigue los consejos del capítulo octavo para aliviar el dolor.

- Recuerda que el bebé no sabe y no desea hacerte daño.

- Demuéstrale lo feliz que eres cuando mama y no te muerde.

- Procura que el bebé esté cerca del pecho, para que sus vías de respiración queden parcialmente bloqueadas y deje el pezón para respirar por la boca.

FICHA DE LACTANCIA

Algunos consejos para volver a empezar

- Piensa positivamente: el aporte de leche puede recuperarse. Incluso es posible producir leche sin dar a luz, es lo que hacen algunas madres con bebés adoptados.

- Ofrécele el pecho antes de darle el biberón.

- Emplea los consejos del capítulo cuarto para aumentar el aporte de leche e ir eliminando los biberones complementarios.

- Los sacaleches ayudan a incrementar el aporte. Consulta el capítulo undécimo, allí encontrarás más consejos para su empleo.

---

aunque resultará más fácil iniciar la lactancia materna dentro de las primeras semanas de vida del bebé. Incluso es posible producir leche sin dar a luz, si bien en este caso puede ser difícil estimular un aporte completo. Jenny consiguió pasar del biberón al pecho: «*No podía amamantarlo, me dolía, y estaba convencida de que era cosa del niño. En fin, comía estupendamente con el biberón. Succionaba correctamente, porque la leche desaparecía, aunque sentía no darle el pecho. Afortunadamente, nuestra primera noche en casa avivó mi deseo, porque el niño lloraba mientras mi marido calentaba el biberón; en el hospital lo tenía en la habitación en cuanto lo necesitaba.*

Como no sabía qué hacer exactamente, llamé a una consejera de lactancia y le pedí consejo. Me recomendó que le diera el pecho a intervalos regulares, pero que necesitaría al principio completar la dieta con leche artificial hasta que el aporte aumentara. Cuando la comadrona llegó a casa, aquel mismo día, ya estábamos intentándolo. No fue nada fácil, pues el niño estaba bastante entusiasmado pero lógicamente confundido, y yo tenía los mismos problemas que durante la primera noche en el hospital, aunque al final conseguí que agarrara el pecho.

Fue bastante complicado, y Simone perdió mucho peso al principio, porque después de su primera toma rechazó la leche artificial por completo. Seguía dudando de que comiera "lo suficiente", ya que no podía ver la leche que tomaba como con el biberón.

Con ayuda y apoyo superamos los problemas; desde entonces y durante dieciocho semanas Simone se alimentó sólo con leche materna, y continuó tomando el pecho hasta los ocho meses.»

Jenny consiguió dar exclusivamente el pecho de nuevo, tras un tiempo de interrupción, porque su aporte seguía siendo bueno. Si quieres volver a dar el pecho tras un intervalo largo, necesitarás ayuda adicional. Los sacaleches son útiles para extraer leche y proporcionar una estimulación extra a los pechos entre las tomas. Existe también un aparato muy útil, llamado «relactador», que a Stephanie le fue de gran ayuda: «*La consejera de lactancia me trajo un relactador. El bebé succiona la leche*

El empleo de un relactador estimula la producción de leche.

artificial por un pequeño tubo pegado al pezón que estimula la producción de leche. Empecé a usarlo y, al final de esa misma semana (Darren tiene ahora seis), los pechos me habían aumentado notablemente de tamaño y podía extraer ya algunos chorritos de leche. Era suficiente para comprobar que funcionaba. Me sentí mucho mejor con esta segunda oportunidad. Aunque, al principio, la crianza con biberón me parecía una buena solución en tales circunstancias, me sentía bien. Hace sólo tres días dejó de tomar el biberón, y ahora le doy toda la leche que necesita y se muestra afanoso por tomarla. Estoy muy contenta de haber hecho el esfuerzo de intentarlo de nuevo. No fue fácil, sobre todo encontrar a las personas que me aconsejaran. Darren es un bebé feliz. Lo conseguimos a pesar de todo.»

Capítulo 10

Lactancia en circunstancias especiales

BEBÉS CON NECESIDADES ESPECIALES

Algunos bebés presentan circunstancias especiales que redundan negativamente en la lactancia materna. Cuando el bebé es prematuro, está enfermo o tiene una discapacidad, habrá que hacer grandes esfuerzos para establecer la lactancia materna con éxito. A veces, el bebé es temporalmente incapaz de tomar el pecho y es necesario ayuda para establecer y mantener el aporte de leche materna, que puede dársele con biberón, sonda o taza.

Bebés prematuros

En 1990, el 13 % de los bebés tuvo que ser ingresado en una unidad de cuidados intensivos infantil (UCII). Una encuesta de la revista *Infant Feeding* mostró que las madres de bebés con poco peso al nacer, es decir, bebés con menos de 2,5 kg de peso, tienen menos posibilidades de iniciar la lactancia al pecho. Parece ser que, incluso cuando se intenta, cuanto menor es el peso del bebé al nacer, más probable es que haya que dejar de darle el pecho. Son muchas las razones para ello, no siendo la menor de las dificultades prácticas el hecho de que la madre esté en una sala posnatal y el bebé en la unidad de cuidados intensivos. En el caso de bebés prematuros, la leche materna es muy valiosa. Son muchas las investigaciones realizadas que confirman los beneficios de la leche materna para estos bebés tan pequeños, pero su importancia no siempre es valorada por el personal hospitalario que está más preocupado porque el bebé gane peso rápidamente.

RESEÑA INFORMATIVA

Leche para bebés prematuros

La leche materna es importante para los bebés prematuros. Los estudios han demostrado que dar leche materna a los bebés prematuros reduce significativamente las posibilidades de enfermedad o muerte. El crecimiento y desarrollo óptimos del cerebro, al igual que el desarrollo de la vista, dependen de que el bebé reciba los ácidos grasos esenciales de la leche materna. El efecto protector de la leche materna es también muy importante en el caso de bebés prematuros. La enterocolitis necrosante neonatal (ECNN) es una enfermedad rara pero muy grave en los bebés prematuros; en cambio, es muy raro que un bebé alimentado con leche materna contraiga la ECNN. Los bebés alimentados únicamente con leche artificial tienen un riesgo seis a diez veces mayor de contraer dicha enfermedad.

Sin embargo, no es fácil establecer un aporte de leche cuando el bebé está demasiado débil para succionar el pecho. Algunos bebés prematuros tienen suficiente fuerza para mamar, pero muchos quedan exhaustos al intentarlo. Otros no han desarrollado siquiera el reflejo de succión. En estas circunstancias se usa una sonda nasogástrica, que accede por la nariz hasta el estómago e introduce la leche. La lactancia al pecho se inicia de forma gradual a medida que el bebé crece, se hace más fuerte y su tono muscular mejora como para succionar.

Tony, el hijo de Vanessa, tuvo que estar en la UCII durante cinco semanas; ella usó el sacaleches cada tres horas durante la mayor parte del tiempo: *«Estaba muy decidida a darle el pecho a Tony, porque era lo único que podía hacer por él; sin embargo, mi producción de leche era escasa y las necesidades de Tony superaban mi aporte, y tuvieron que darle leche artificial; primero por medio de sonda nasogástrica y luego con biberón.»*

El primer hijo de Kelly estuvo en cuidados intensivos durante cuatro días, pero ella estaba decidida a darle el pecho: *«La gente no paraba de decirme: "No te preocupes, ya llegará el momento; por ahora le alimentaremos por sonda." Pero sabía que era importante (quizá psicológica más que físicamente) darle el pecho siempre que yo pudiera y él estuviera interesado. También él estaba sedado, y la gente tendía a hacerme creer que era estúpido intentarlo, pero mi instinto me decía que lo tuviera cerca y le diera la posibilidad de oler el pezón y de estrechar los lazos afectivos. De repente, una noche, a pesar de estar sedado, comenzó a mamar.»*

El nacimiento de un bebé prematuro suele traer consigo una crisis; es un momento muy emotivo, ya que existe la preocupación por la supervivencia del bebé. No es probable que te den opción a alimentar al bebé en el paritorio; todo lo más, podrás echarle un vistazo antes de que se lo lleven a la UCII. Te trasladarán a una sala posnatal, donde te sentirás rara sin el bebé y rodeada de nuevas madres con los suyos. En cuanto al bebé, estará en la incubadora unido con cables a varias máquinas. Lo mejor que puedes hacer por tu hijo es comenzar a extraer leche materna.

Los sacaleches eléctricos son máquinas grandes, desagradables y suelen estar situadas en lugares poco propicios. Enfrentarse con esa máquina extraña y aprender a producir

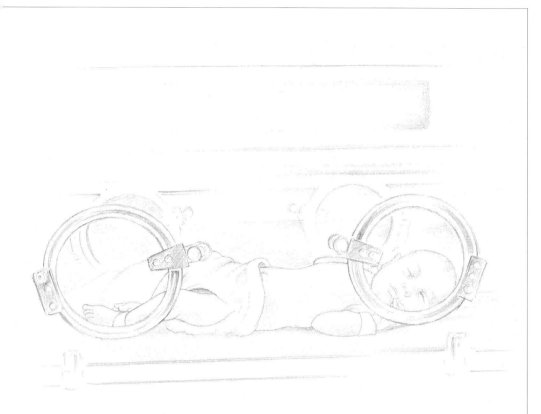

leche en condiciones tan artificiales resulta sin duda difícil a las nuevas madres. Necesitarás ayuda y apoyo moral, sobre todo durante los primeros días, cuando tantos esfuerzos parecen dar tan pocos resultados. Un comentario sin venir a cuento o una observación de pasada pueden hacer mucho daño y desmoralizar a la madre, hasta el punto de renunciar a la extracción de leche; sin embargo, una palabra de apoyo o de alabanza pueden obrar maravillas.

Durante la trigésima semana de gestación, Belinda sufrió una segunda pérdida de sangre y fue trasladada de inmediato al paritorio: «*Estaba dilatando con gran rapidez; por desgracia, Karen venía de nalgas y me dijeron que una cesárea era lo más seguro al ser un bebé tan prematuro. Cuando desperté, Nigel me dijo muy nervioso que teníamos una hija en la UCI y que las noticias eran positivas. No me costó mucho recuperar por completo la conciencia; después de asearme, me llevaron a verla en una silla de ruedas. Pesaba 1,7 kg al nacer y era muy pequeña; estaba llena de cables y llevaba respiración asistida, pero era nuestra hija y su color era saludable. Al día siguiente, la comadrona trajo lo que parecía un gran sacaleches e iniciamos el proceso para que no se acabara mi aporte de leche. Estaba decidida a producir la leche que Karen necesitara, por el momento era todo lo que podía hacer.*»

FICHA DE LACTANCIA

Iniciación del aporte de leche materna

• Iniciar la lactancia al pecho cuando el bebé es incapaz de succionar no es fácil, pero es posible conseguirlo.

• El método más corriente consiste en emplear un sacaleches eléctrico. La extracción debe iniciarse tan pronto como sea posible tras el parto, pero seguramente no estarás en condiciones de pensar con claridad, por lo que suelen pasar entre 24 y 48 horas antes de que nadie te sugiera comenzar la extracción de leche.

• La mayoría de las madres no experimenta un buen reflejo de subida de la leche con el sacaleches: es duro, frío y mecánico, y no proporciona el estímulo de un bebé vivo y caliente. Es esencial una buena respuesta de la prolactina para que el cuerpo comience a producir leche, por lo que tal vez la falta de respuesta de la prolactina sea la causa de que las madres produzcan un volumen bajo de leche, que además es difícil de mantener.

• Hay formas de mejorar la respuesta. Algunos especialistas recomiendan masajear los pechos antes de comenzar la extracción, porque mejora el aporte de sangre y estimula los pezones reproduciendo el contacto de la piel que se establece con el bebé.

• La estimulación también genera una respuesta de otra hormona importante para la lactancia, la oxitocina, responsable del reflejo de subida de la leche.

• Una alternativa al uso del sacaleches consiste en extraer la leche a mano. Se cree, por lo general y equivocadamente, que es difícil. Una vez se ha aprendido la técnica, la extracción manual es tan eficaz, si no más, que el sacaleches. También se ha sugerido que el contenido en grasa de la leche extraída manualmente es más alto que el de la leche extraída con sacaleches.

• Sea cual fuere el método empleado, es importante empezar pronto y extraer la leche con regularidad. Los pechos necesitan que se extraiga la leche con frecuencia para mantener en funcionamiento el ciclo de demanda y aporte.

• La regla, según la cual «cuanta más leche se extraiga, más se produce», es cierta tanto para la extracción como para el amamantamiento. Muchas madres no extraen leche con suficiente frecuencia para mantener el aporte: de seis a ocho veces cada 24 horas es el mínimo requerido, además de una sesión nocturna, cuando los niveles de prolactina son más altos.

• Como los bebés prematuros sólo necesitan una pequeña cantidad de leche cada vez, es útil extraer la leche inicial y guardarla en un recipiente, y emplear el resto de la leche para uso inmediato del bebé. La leche inicial se puede emplear para «completar» la dieta si es necesario. De esta forma, la leche contiene más grasa y, por tanto, más calorías para ayudar a crecer al bebé prematuro. Algunos especialistas sugieren reservar los primeros 25 ml.

• Una vez extraída, la leche se le puede dar al bebé a través de la sonda nasogástrica.

• Algunas unidades de cuidados especiales infantiles cuentan con tazas de plástico especiales para alimentar a los bebés que no pueden succionar el pecho al nacer, pero cuyas madres desean amamantarlos. La taza se usa con prefe-

FICHA DE LACTANCIA

rencia sobre la sonda o el biberón, porque evita que los bebés se confundan con las distintas técnicas de lactancia, al pecho o con biberón.

- En el North Staffordshire Hospital se introdujo un nuevo «protocolo de alimentación infantil para prematuros», para las madres con recién nacidos ingresados en la unidad y que desearan dar el pecho. Este protocolo contaba con masajes, extracción manual y frecuente de leche, y empleo de sonda o taza para alimentar al bebé hasta que fuera capaz de tomar el pecho. Mediante este protocolo, la tasa de

éxito en la lactancia al pecho en esta unidad subió del 1 al 58 %.

- Tan pronto como el bebé prematuro muestre signos de estar preparado para succionar, anímale a que tome el pecho.

- Algunos hospitales prefieren que los bebés pasen de la sonda al biberón y finalmente al pecho; otros dejan que el bebé pase directamente al pecho. Suele creerse que el biberón es «más fácil» que el pecho, pero hay pruebas de que no es así.

Chris, el hijo de Clare, nació cinco semanas antes de llegar a término y antes de adquirir el reflejo de succión: *«A lo largo del día, no dejé de preguntar cuándo comenzarían a extraer la leche y me decían que ya habría tiempo para eso. Chris había nacido a las nueve de la mañana y, por fin, hacia las nueve de la noche, me enseñaron a utilizar el sacaleches. Un asistente me enseñó a usar la máquina y a lavar los complementos, esterilizarlos, secarlos, y a almacenar y etiquetar la leche. Mientras yo pasaba por esta desagradable experiencia, otras madres de la misma sala utilizaban a sus anchas biberones desechables de leche artificial esterilizada, ya preparados; enroscaban una tetina desechable esterilizada y el biberón ya estaba listo, y luego salían afuera a disfrutar de la primavera. Entre tanto, yo me quedaba sentada allí, con mis pechos hinchados y doloridos conectados a una máquina horrible. Me dolía, sentía vergüenza y ni siquiera extraía leche; mientras tanto, mi hijo estaba en la UCII y una enfermera le daba leche artificial a través de una sonda nasogástrica.*

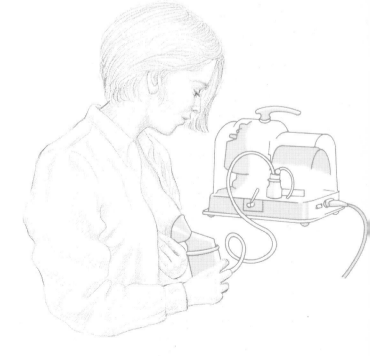

Me habría gustado que alguien me dijera: "Bien hecho, estás haciendo lo mejor para él; ahora duele, pero pronto te resultará más fácil y extraerás muchísima más leche, y todo irá bien." Yo era la única que me lo decía.

Después de tres días de dolor, rechinar de dientes y pezones sangrantes, extraje una cucharilla de calostro y me puse muy contenta. Pero una comadrona comentó al pasar: "No va bien, necesitarás mucha más leche."

En la UCII, el calostro se recibió de forma más positiva y se incluyó en la siguiente toma de Chris. En la UCII tenían más tiempo y me ayudaron a llevarme a Chris al pecho antes de cada toma con la sonda. Sin embargo, el pobrecito no podía hacer nada.»

Durante los primeros días, muchos bebés prematuros se alimentan a través de la sonda nasogástrica. Una vez que consigues extraer el calostro y luego la leche, se puede alimentar con ellos al bebé mediante la sonda. Al ser tan pequeño, apenas necesita comida: una cucharilla de calostro puede constituir la toma de un bebé muy pequeño. Según sea su estado, tal vez consiga tomar el pecho en un estadio posterior. Tan pronto como muestre algún deseo de chupar, se le puede animar a que tome el pecho. Incluso, si no mama mucho rato ni con eficacia, el contacto con la piel del pecho estimulará el aporte de leche. Algunas madres piensan que el bebé no les «pertenece»; está rodeado de máquinas y atendido por el personal de cuidados especiales. Tal vez sientas que tienes que «pedir permiso» para llevarte el bebé al pecho.

Una comadrona enseñó a Suzanne a alimentar a sus mellizos a través de la sonda, puesta junto al pecho; luego, de forma gradual, les permitió chupar al mismo tiempo, hasta que su reflejo de succión fue lo suficientemente fuerte y pudo quitarles la sonda: *«Entonces empecé a amamantar a los dos a la vez. Estuve así día y noche, durante varios días a ver si lo conseguía. Fueron unos días de auténtico desespero. Tenía ganas de llevármelos a casa, pero me preocupaba que no se alimentaran lo suficiente. No hacía otra cosa que darles el pecho día y noche.»*

Cada vez que Anna visitaba la UCII, dos pisos más arriba, se llevaba el bebé al pecho: «*Las enfermeras intentaban ayudar, pero en realidad no era así. Estaban más interesadas en darle una cantidad concreta de leche que en otra cosa. Se alimentó con leche materna (en parte mía) durante los primeros cuatro días. Luego, el banco se quedó corto de leche y, como mi bebé era el más sano, le dieron leche artificial. A pesar de los dolores, sólo conseguía extraer con el sacaleches 10 ml insignificantes. También sufría mucho con la herida de la cesárea y con los entuertos. Pedí que siguieran alimentándolo con la sonda nasogástrica y que no le dieran biberones, con la esperanza de poder establecer la lactancia al pecho antes de que se interesara demasiado por la tetina del biberón.*»

Susan descubrió que la extracción de leche era de vital importancia: «*Karen empezó a tomar el pecho una vez al día, durante la segunda semana; luego, las tomas fueron incrementándose gradualmente, hasta tomar el pecho durante todo el día y biberones de leche materna por la noche; por fin nos pudimos ir a casa, a las siete semanas. En aquel momento, mi aporte de leche era superior a sus necesidades y tuve que seguir extrayendo leche además de darle el pecho durante el día.*»

Una monja de la UCII ayudó a Vanessa a establecer el esperado contacto con su hijo prematuro: «*Al cabo de dos semanas y media, durante el rato que diariamente me permitían coger en brazos a Thomas, una monja me sugirió que le diera el pecho; era como si necesitara permiso para hacerlo. El hospital me había robado temporalmente la maternidad de mi hijo, y me preguntaba por qué no había pensado antes en ello. Estaba emocionada, por fin entrarían en contacto mis pechos con aquella boquita que me necesitaba. Tuve suerte de que la hermana no estuviera muy ocupada aquel día. Me enseñó a coger a Thomas y llevármelo correctamente al pecho. Una vez allí, no es que Thomas chupara (me avisaron de que todavía era muy pequeño para hacerlo), pero olisqueó el pezón y jugó con él en la boca; fue la primera vez que sentí el reflejo de subida de la leche. La hermana me animó mucho diciéndome: "¿No es maravilloso?, mira cómo sabe lo que tiene que hacer esta criatura." Yo estaba radiante de felicidad y muy orgullosa de él.*»

Tener más de un bebé prematuro puede resultar menos desalentador si cuentas con ayuda y apoyo, como explica Simone: «*Quise darles el pecho a los bebés cuando tuvieron diez días y para mi sorpresa los cuatro consiguieron mamar un poco a pesar de lo poco que pesaban (entre 1,360 y 1,810 kg).*»

Muchas madres de bebés prematuros salen del hospital antes que sus hijos. Es una complicación añadida, ya que la leche una vez extraída hay que llevarla al hospital, y los viajes a la unidad de cuidados intensivos se suman a la tensión que sufre la madre. Es posible alquilar un sacaleches eléctrico en el hospital o en la NCT. Para cubrir las necesidades del bebé, hay que practicar la extracción con los mismos intervalos que al amamantar un bebé. Implica tener a mano el sacaleches, tanto en casa como en el hospital, y contar con una reserva adecuada de leche materna hasta que puedas llevarle más al bebé. Muchas madres consiguen mantener el aporte de leche con un extractor, a la vez que le ofrecen el pecho durante las visitas al hospital. A menudo sienten que es la contribución más importante que pueden aportar a su cuidado, y sirve a su vez para estrechar los lazos afectivos entre el bebé y la madre.

El bebé de Simone permaneció en el hospital casi un mes; ella iba allí, con su leche materna extraída con un sacaleches eléctrico de la NCT: *«Transcurridos diez días, el bebé se alimentaba sobre todo con biberón y sólo tomaba un poco el pecho cuando podía.*

Empleé un sacaleches de dos ventosas, entre seis y diez veces diarias, según la ayuda que tenía en casa y el grado de cansancio. Me costaba unos 15 minutos extraer entre 170 y 450 ml, cantidad que dependía de la hora del día, de la cantidad de líquido o alimento que hubiera ingerido y del grado de cansancio.

A pesar de ser una tarea bastante aburrida y agotadora, he perseverado en el uso del sacaleches porque sé que así el bebé ha recibido de mí entre un cuarto y dos tercios de su alimentación. Estoy convencida de que ha sido un factor que ha contribuido a su buena salud. También me ha permitido tomarme bastantes descansos de 15 minutos, a lo largo del día.

Aunque el alquiler de un sacaleches suele ser caro, es un precio muy pequeño comparado con la valiosísima leche materna que puedes darle a tu hijo, y también te ahorras la compra de leche artificial.»

Una vez que el bebé tiene bastante fuerza para tomar el pecho, es beneficioso hacerlo con intervalos frecuentes. Algunas madres se plantean ofrecer el pecho para aumentar el aporte, lo que puede ser causa de problemas cuando al mismo tiempo se quiere mantener un registro del consumo, como describe Vanessa: *«Cuando traté de incorporar tomas durante mis visitas al hospital, surgió un problema con el personal de la UCII, porque están acostumbrados a medir el consumo de líquido para valorar el crecimiento y desarrollo del bebé. Me preguntaban cuánta leche había tomado, y, ¿cómo podía yo saberlo?»*

Te puede parecer que tu cuerpo no aporta suficiente alimento al bebé cuando veas que la leche no sigue fluyendo ya en el sacaleches. Como los bebés muy pequeños suelen tener más problemas para tomar bien el pecho, en esos casos es vital contar con ayuda especializada.

Vanessa descubrió que, con un poco de ayuda, podía conseguir que Tony tomara el pecho: «*A medida que Tony iba necesitando menos cuidados, nos ocupamos de aprender los intríngulis de la lactancia (con la esperanza de poder eliminar las tomas con leche artificial). Tony todavía era un bebé pequeño y tenía problemas para ponerlo al pecho. Una enfermera me recomendó que me pusiera una pezonera, mientras otra manifestaba su preocupación por usarla. Haciendo caso de las advertencias sobre la dependencia de la pezonera, me la quitaba en cuanto el pezón se pronunciaba. Tony podía entonces mamar directamente. Usé este método durante cinco días. Continuamos con la lactancia (aunque con tomas complementarias de biberón) hasta que tuvo nueve meses.*»

Hay madres, como Frances, a las que la lucha les resulta superior a sus fuerzas: «*Estaba decidida a darle leche del pecho (a un bebé de 29 semanas y que pesaba sólo 1,134 kg), y empleé un sacaleches eléctrico mientras estuve en el hospital. Tuvo problemas para aprender a mamar, pero al final lo consiguió con una pezonera. Mi aporte de leche nunca fue suficiente. Hice cuanto pude por continuar, pero, como no ganó peso durante dos semanas o más, me aconsejaron que le diera leche suplementaria y siguiera con el pecho, una experiencia terrible porque en cada toma había que darle leche adicional. Después de cinco meses comenzó a rechazar el pecho, y lo dejé aliviada.*»

Cuando has tenido un bebé prematuro, y llega el día de dejar el hospital e irse a casa con él, te darás cuenta de que, si has establecido una buena relación con el personal, no estarás segura de poder cuidarlo sin la ayuda de la unidad de cuidados intensivos. En casa, las visitas de la comadrona o de la auxiliar sanitaria, aunque puedan ser más frecuentes al principio, no son un sustituto de las ayudas y consejos inmediatos. A veces, puede parecer como si esta nueva ayuda no estuviera en tu misma sintonía, pero puede ser el apoyo que necesitas frente a los que dudan de tu capacidad de darle leche al bebé.

Belinda se apoyó en su marido y en la auxiliar sanitaria para ganar autoconfianza: «*Durante los primeros meses en casa, Karen comía con tanta frecuencia que a menudo las amigas y la familia me aconsejaban que le diera el biberón: "Seguro que te has quedado sin leche." Minaban mi confianza, y necesitaba apoyo para ignorarlos y mantener la fe en mí. Nigel me ayudó muchísimo, y la auxiliar sanitaria me hizo superar el bache al sugerirme que lo pensara antes de tomar una decisión, lo cual me ayudó a ver las cosas en perspectiva. Al pensar en los cinco primeros meses de vida de Karen, reconozco que eran las mismas situaciones por las que pasan todas las madres primerizas, pero, como Karen era cronológicamente mayor al llegar a esas fases, me ponía nerviosa que pudiera aparecer algún signo de que las cosas no progresaban normalmente.*»

Bebés enfermos o con necesidades especiales

Es angustioso descubrir que el bebé puede tener una enfermedad; a menos que tengas experiencia con la lactancia, pensar en extraer leche es una complicación más en un momento de por sí difícil.

Si la unidad de cuidados intensivos está lejos de la sala de maternidad, las madres que han tenido un parto traumático sufren la tensión adicional de estar separadas de sus hijos. Si el bebé no es prematuro y tu estado te lo permite, la lactancia materna puede iniciarse en seguida. Los beneficios de la leche materna serán especialmente valiosos para los bebés que tengan problemas añadidos a los que enfrentarse en su recién comenzada vida.

Sin embargo, en ocasiones la alimentación se restringe y la lactancia materna se retrasa hasta que el estado del bebé mejora, como le pasó al bebé de Gemma: *«Después del parto, la niña no quería comer, lo que me angustiaba mucho. Sus hermanas habían mamado al poco de nacer y me daba mala espina que no mostrara interés. Experimentaba cambios de color, y la clasificaron como una niña "gruñona". En un momento dado se la llevaron a la unidad especial y allí permaneció seis días. Durante los cuatro primeros se alimentó al cien por cien con suero intravenoso y estaba rodeada de cables y pantallas. Mi primera visita fue emotiva y traumática. Sólo me permitían tocarla a través de los agujeros de la incubadora.*

Estaba decidida a extraerme leche. Me consolaba hacer algo práctico y útil. A los cuatro días comenzaron las tomas por sonda; un día y medio más tarde me dijeron que podía darle el pecho. Mamó como si lo hubiera hecho desde el primer día, fue un momento maravilloso. Las siguientes 24 horas fueron frustrantes porque insistieron en pesarla, lo cual me pareció terriblemente incorrecto, y además todas las tomas finalizaban con un complemento por sonda. Tenía que ser alimentada cada cuatro horas; y, cuando me la daban, aún estaba llena y adormecida por la última toma, por lo que apenas comía, y había que completar su dieta con la sonda. Así una y otra vez. Con el apoyo del personal de la sala, conseguí que las puericultoras le permitieran seguir una alimentación por demanda; al final transigieron, pero con la condición de que permaneciera con ellas. Aquello suponía tener que ir todo el día de un lado para otro, porque estábamos en extremos opuestos del hospital. Además me estaba recuperando de mi tercera cesárea, aunque esto era lo último que me preocupaba. Tras haber mamado dos veces, se la llevaban a la sala a las diez y media de la noche. Era como tenerla y no tenerla otra vez.»

Celia creía que todo marchaba perfectamente, hasta que el bebé enfermó: *«Rebecca nació en casa y el parto fue perfecto; duró entre cuatro y cinco horas, y no hubo complicaciones ni hicieron falta analgésicos. Le di el pecho casi de inmediato y succionó feliz durante media hora. Todo era maravilloso y me sentía la mujer más feliz del mundo. Como había nacido a las dos y media de la madrugada, nos quedamos dormidas hasta el alba.*

A las siete de la mañana empezó a ponerse enferma y tuvimos que avisar al médico. Nos enviaron al hospital, donde fue ingresada en una unidad especial. Insistí en darle el pecho, pero al llegar la tarde estaba agotada y le dieron un biberón. Al día siguiente, la niña salió de la unidad y le di el pecho todo el día. Volvió a encontrarse mal por la noche y la ingresaron de nuevo en la unidad de cuidados especiales. Finalmente, le diagnosticaron meningitis y dejó de comer porque le restringieron el consumo de líquidos. Aquel día me subió la leche y tenía los pechos hinchados, calientes y dolorosos. Empleé el sacaleches eléctrico y congelé la leche materna, preguntándome si Rebecca viviría para tomársela. Durante los dos días siguientes, extraje leche cada cuatro horas y reuní una pequeña provisión de leche congelada.

Entonces empezó a mejorar y los médicos me dijeron que le diera el pecho una vez al día; la niña mamaba con gran ansia y después se quedaba tranquila. ¡Qué alivio! Si vivía le daría el pecho, fueran cuales fueren los problemas que surgieran.

Durante los días siguientes le daba el pecho cuando me dejaban y el resto del tiempo extraía leche. Gradualmente llegué a darle sólo leche materna. Entonces empezaron a dolerme los pezones, se agrietaron y empezaron a sangrar. ¡Qué agonía! Quería darle lo mejor, necesitaba la inmunización de la leche materna; esta idea me hizo seguir adelante.

Diez días después tuve que volver a casa y dejar a Rebecca en el hospital. Alquilé un sacaleches eléctrico para extraer leche durante la noche. Iba al hospital a las siete de la mañana y le daba el pecho todo el día hasta las seis de

RESEÑA INFORMATIVA

Fisura de labio y/o de paladar

La lactancia al pecho es más difícil para los bebés con fisura de labio o de paladar, porque les puede resultar más complicado mantener el cierre necesario entre la boca y el pecho. Aun cuando un bebé con una fisura grave es incapaz de mamar, se beneficiará si es alimentado con leche materna. Los bebés con fisuras de este tipo son propensos a las infecciones de oído, debido a la mayor probabilidad de que el líquido ocupe las trompas de Eustaquio (que van desde el fondo de la nariz hasta el oído interno) cuando tragan. Los bebés con fisura y criados al pecho tienen un 75 % menos de infecciones de oído o de las vías respiratorias superiores que los bebés criados con leche artificial, debido a las propiedades inmunológicas de la leche materna. La leche materna, por ser un líquido natural del cuerpo, no irrita las membranas mucosas si termina en un «lugar equivocado».

La lactancia al pecho es un factor importante en el incremento de la fuerza de los músculos faciales, lo cual ayuda al normal desarrollo de la cara del bebé, lo que puede ayudar posteriormente al desarrollo de la capacidad de hablar. Ello se debe al esfuerzo realizado para obtener la leche del pecho: se ejercitan la lengua y las encías de forma específica.

La posición de la fisura dicta la postura en que hay que poner al bebé, para que se produzca el cierre necesario para mamar. Una fisura en el paladar blando o duro dificulta que la madre consiga colocar al bebé de forma que estimule el pecho eficazmente. El bebé necesita apretar el pezón y el tejido glandular contra el cielo del paladar para presionar los reservorios de leche, pero, si la fisura es grande, tal vez no sea posible. En ese caso, la leche puede filtrarse por la nariz y hacerle toser. Se suelen fabricar placas dentales para cubrir la fisura; consulta con el dentista para informarte. Como los pechos son blandos, se amoldan con mayor facilidad que los biberones y tetinas. En el caso de una fisura del labio, en ocasiones sólo se necesita la adición del pulgar de la madre para cubrir el hueco entre el pecho y la boca, de forma que el bebé puede mamar con eficacia. A menudo, los bebés con fisuras tragan más aire que otros bebés y puede ser necesario que suelten el aire durante las tomas.

Cirugía

El tratamiento de una fisura de paladar o de labio comienza durante los primeros meses de vida. Las correcciones del labio suelen hacerse a una edad muy temprana, mientras que las correcciones del paladar suelen practicarse entre los seis meses y los dos años de edad. Los cirujanos difieren sobre cuándo se puede volver a dar el pecho después de la operación. Hay varias formas de alimentar a un bebé que no puede tomar el pecho temporalmente después de esta operación; la mayoría de los hospitales dan pautas para ello.

Tutela especial

En Gran Bretaña, la Cleft Lip and Palate Association (CLAPA) proporciona ayuda práctica y tutela a los padres, así como apoyo y seguridad para superar estas dificultades.
CLAPA, 134 Buckingham Palace Road, London SW1. Tel.: 0171 824 8110.

FICHA DE LACTANCIA

Posturas para dar el pecho a un bebé con fisura

Dar el pecho puede llevar mucho más tiempo de lo normal, y requiere una paciente experimentación hasta que se consigue. Una posición erguida suele ser lo mejor para el bebé, porque evita que la leche se desvíe por las fosas nasales. No importa qué postura consideres mejor, cíñete a la regla general de asegurarte de que el bebé está de cara a ti, con la cabeza y el cuello rectos, no girados, porque esto dificultaría la deglución.

Postura de horcajadas

Sienta al bebé en tu regazo, de cara a ti, con las piernas abiertas y a los costados de tu estómago. Tendrás que sentarlo sobre almohadones para que esté a la altura de los pechos. Entonces verás de qué manera poner el pezón para que pueda agarrar bien el pecho. Inclina un poco la cabeza del bebé hacia atrás mientras agarra el pecho, y emplea la otra mano para ayudar al bebé a cerrar el espacio entre la boca y el pecho, o simplemente para sostenerle la barbilla.

Postura del balón

La postura del balón, descrita en el capítulo séptimo, puede modificarse para adaptarla a las necesidades del bebé. Una vez más, se necesitan almohadones para poner en alto al bebé hasta el nivel del pecho. Coloca al bebé de forma que esté sentado a tu lado y de cara a ti, con las piernas bajo tu brazo. Sosténlo con el brazo, de forma que su cabeza quede apoyada en tu mano. Deberás sostener el pecho con la otra mano, para que el bebé pueda hacer el cierre de la boca sobre el pezón.

Preferencia por un lado

Según dónde esté la fisura, algunos bebés prefieren mamar en una posición determinada, por lo que cambiar de lado ofrecerá dificultades. Será más fácil mantener al bebé en su posición preferida y deslizarlo hasta el otro pecho, o simplemente darle sólo un pecho.

---

la tarde. Luego, extraía leche en casa para la noche siguiente. Las enfermeras del turno de noche eran fantásticas y la alimentaban con mi leche, empleando las reservas de leche congelada cuando necesitaban más. Cuando se agotaban las reservas, completaban la dieta con leche materna fresca y leche artificial.

Tras pasar diecisiete días en el hospital, Rebecca volvió a casa. Comencé a darle el pecho continuamente, pero me resultaba muy difícil. Me dolía mucho.»

A Joe, el bebé de Holly, le diagnosticaron cadera de resorte y le pusieron una férula. Aunque la férula era engorrosa, no tenía por qué haber problema: *«En el pecho izquierdo mamaba bien, pero por alguna razón no tomaba bien el derecho. La comadrona del hospital me aconsejó que lo sostuviera debajo del brazo con sus piernas detrás mío. Así funcionó, pero yo no estaba cómoda y era difícil darle el pecho con discreción y, a menos que estuviera en casa con almohadones, tampoco era fácil. A*

Los bebés con fisura de labio o de paladar suelen mamar con mayor facilidad en posición erguida. Ayúdale con la mano a cerrar el espacio entre la boca y el pecho.

medida que ganaba peso y sus piernas crecían, todavía en la postura de la rana por culpa de la férula, empezaba a sentirme frustrada. Seguía mamando bien del pecho izquierdo, pero lo colocaba de aquella forma en el derecho y continuaba sin cogerlo bien. Las tomas duraban entre hora y hora y media, y lo amamantaba cada tres. Era un trabajo duro.

Al fin descubrimos la causa. A las ocho semanas le diagnosticaron tortícolis: el músculo del cuello se había contraído y la cabeza se le torcía hacia un lado. Comenzó la fisioterapia de inmediato pero, cuando el problema del cuello remitió y le quitaron la férula, pesaba tan poco que me aconsejaron que le diera también biberones, y a los cinco meses me quedé sin leche.»

En el caso de Mina, a pesar de su determinación, el estado del bebé no le permitió dar el pecho: «*Aunque mi hijo nació prematuramente, estaba decidida a darle el pecho. Ni siquiera había comprado un biberón o un esterilizador. Pero resultó que no podía tomar el pecho ni el biberón. Nació con una fisura bilateral grave en el labio y el paladar, y la única forma de darle leche era, con mucho esfuerzo, con una cuchara.»*

Lactancia materna en una sala infantil

Cuando eres una madre lactante, es difícil aceptar que el bebé necesite ingresar en la sala infantil de un hospital, donde al personal quizás le falte preparación y tiempo para ayudar a dar el pecho, o el régimen no favorezca la lactancia materna. No se puede estar segura de que en la sala infantil conozcan la lactancia materna y estén al día sobre ella.

A las cinco semanas, el bebé de Rose tuvo una afección grave de garrotillo e ingresó en el hospital local: «*Hacía un ruido asombroso al toser y llorar a la vez, y el especialista no oía al examinarlo. Le propuse darle el pecho al bebé para calmarlo y le pareció una buena idea. Sin embargo, no olvidaré la mirada que me echó la enfermera de la sala. Al terminar el médico su visita, la enfermera envió un celador al cubículo donde estábamos, el cual me leyó la cartilla, diciéndome que diese el pecho sólo allí porque en la sala podía molestar a los demás. Me sentí más aislada que nunca.*
La unidad de maternidad del hospital contaba con una mujer sorprendente, cuyo objeto era la ayuda a la lactancia, que promocionaba la lactancia natural en las salas de maternidad. Los médicos la llamaron para que me viera dar el pecho y diera su opinión. Me di cuenta de que estaba calibrando el ritmo del flujo. Sin embargo, fue un alivio porque confirmó que la cantidad de leche era buena, a pesar de criticar mis pechos caídos.
A uno de los médicos más jóvenes le preocupaba no contar con un registro del volumen de leche que tomaba el bebé, y otro sugirió instalar un gotero, porque al ser criado al pecho podía deshidratarse. Las enfermeras insistieron en anotar en una hoja clínica cuánto tiempo comía y prefirieron desestimar mis cálculos. Calibraban mis pechos como si fueran una máquina. Las enfermeras me criticaban constantemente por seguir una alimentación por demanda. Mi teoría era que si tenía suficiente energía para comer y respirar, yo quería que recibiera aquella forma de nutrición. Por el contrario, el resto de los niños de la sala eran alimentados, según un horario estricto, cada cuatro horas. Tuve la fortuna de recibir el apoyo de mi madre, que había sido comadrona en aquellos tiempos en que no dar el pecho se consideraba una rareza digna de ser anotada en el registro.
A medida que Patrick se fue recuperando, los médicos empezaron a reprenderme por alimentarlo cuando lo pedía. Sostenían que darle el pecho con mayor frecuencia que cada cuatro horas agotaba a la madre y ésta descuidaba al resto de la familia. Les dije que, como madre de un hijo de cerca de dos años, y de un bebé que pocas veces dormía más de una hora sin que los problemas respiratorios le despertaran, estaba encantada de poder sentarme cada dos horas, tomar algo, leerle un cuento al mayor y dar el pecho al pequeño.»

La admisión en una sala infantil de hospital puede ser en ocasiones difícil, si las plazas son limitadas. Conseguir la suficiente comida, como para satisfacer el apetito de una madre lactante, también puede ser un problema. Lena comprobó que sus necesidades no se tenían en cuenta en absoluto: «*Mi hija fue trasladada a un hospital infantil al nacer; yo opté por ir con ella a darle el pecho y a seguir de cerca sus progresos. La atención se centraba en los bebés, a pesar de que las madres que acaban de parir también necesitan cuidados, sobre todo cuando el parto ha sido traumático. No poder disponer de cama fue posiblemente lo peor, por lo que resultaba imposible echarme durante el día. Tenía una cama plegable para la noche, pero así los ejercicios posnatales eran difíciles de hacer, no había intimidad para el examen médico y descansar fue imposible. Las instalaciones eran mínimas; los servicios estaban en otro bloque; el comedor quedaba muy lejos y sólo había un baño, que estaba sucio. No contaba con apoyo ni consejo para la lactancia, porque el personal no tenía experiencia ni preparación. Las enfermeras que tenían hijos eran una ayuda, pero muchas enfermeras jóvenes no sabían qué hacer ante una madre llorosa con problemas para dar el pecho.*»

Los bebés con necesidades especiales pero capaces de tomar el pecho, además de los beneficios de la leche materna, consiguen cariño con el contacto físico. La lactancia materna ayuda a estrechar los lazos afectivos con el bebé. Facilitarle leche constituye la única aportación que puedes hacer al personal médico que cuida de él. Chloe necesitaba sentirse cerca de su hijo, dada la gravedad de su enfermedad: «*Darle el pecho al niño mientras esperaba el diagnóstico de su enfermedad fue reconfortante para ambos. Permanecíamos unidos y ajenos al curso de unos acontecimientos aparentemente desastrosos. El ecocardiograma (ultrasonidos del corazón) mostró que nuestro segundo hijo tenía un defecto congénito en el corazón (el 40 % de los niños con síndrome de Down lo tienen), pero seguí dándole el pecho. Los especialistas dijeron que no ganaría peso con rapidez y que podría necesitar alimentación suplementaria. Después de darle el alta en el hospital tuvimos que volver varias veces para que comprobaran su peso y le hicieran análisis de sangre. Cuando se confirmó el diagnóstico de síndrome de Down, ya casi nos habíamos hecho a la idea aunque siguiéramos rezando para que no fuera verdad. Por tanto, nuestros comienzos fueron un poco accidentados pero la lactancia nunca fue un problema. Era la única alegría, de las muchas que había concebido, que nadie me podía quitar.*»

Cuando Phillip, el segundo hijo de Gail, tenía sólo dos días, descubrieron que tenía un importante defecto cardíaco e ingresó en el hospital. Aquella noche lo sometieron a una operación sin trascendencia para estabilizar su estado, pero al cabo de una semana lo tenían que operar a corazón abierto: «*Le había dado el pecho con éxito al primero durante un año, y quería hacer lo mismo con Phillip. En un momento en que dependía por completo de la capacidad y experiencia del personal médico y de cirugía, al menos podía darle algo que le concediera las máximas posibilidades de reponerse de la operación.*

Por suerte, el hospital me facilitó una habitación en el mismo edificio de la sala infantil y las enfermeras me llamaban para darle las tomas de la noche; y Phillip mamaba tan bien que recuperó su peso al nacer en sólo cinco días.

Un par de días antes de la operación, comencé a practicar y extraer leche con un sacaleches eléctrico, en una habitación un tanto pequeña pero al lado de la sala infantil. La leche fue congelada en recipientes de poco volumen para su uso posterior. Mientras Phillip estuvo en la unidad de cuidados intensivos, yo extraía 170 gramos de leche tres veces al día.

Tras la operación y después del primer día en la unidad de cuidados intensivos, le empezaron a administrar, con una sonda nasogástrica, cantidades cada vez mayores de mi leche extraída. Una vez más, resultó satisfactorio saber que estaba contribuyendo a su recuperación. Durante la tarde del segundo día, le quitaron la respiración asistida a Phillip y pude darle un poco el pecho: ¡lo que tanto habíamos estado esperando!

Durante los dos días siguientes, como el consumo de líquido tenía que ser limitado, le daba tomas "restringidas", es decir, no le animaba a tomar el pecho, ni se lo volvía a dar, si lo soltaba. Posteriormente, pudimos volver a practicar la lactancia libre.»

En ocasiones, cuando un bebé algo crecido que sigue siendo amamantado cae enfermo, el mantenimiento del aporte de leche se convierte en un salvavidas para la madre. Cuando Tom, el hijo de Chloe, tenía once meses, pasó por una experiencia terrible: *«Tom había pasado un resfriado que requirió muchos cuidados y quería estar todo el rato al pecho. Me dolían los pechos y se lo pasé a mi marido hasta que se quedó dormido. Al despertar empezó a llorar y estaba inquieto. Le limpié la nariz y lo cogí en brazos para darle el pecho, pero entonces, al ponerlo sobre mi regazo, vi que no apartaba la mirada de la izquierda. No pudo mamar. Tampoco podía mover el brazo o la pierna del lado derecho. Había sufrido una apoplejía.*

Después de pasar siete días en el pulmón de acero y otros diez en una unidad de cuidados intensivos, los médicos se cuestionaban su supervivencia. Mi aporte de leche disminuyó hasta ser nulo. Aunque me dijeron que tal vez no habría un bebé al que darle leche, sentí una vez más que aquel lazo nos mantenía unidos. Empleé el sacaleches eléctrico. Empecé con 15 gramos y fui aumentando hasta alcanzar los 85-115 gramos. Aquello me ayudó a continuar y a desviar la atención, pasando de la tristeza a la esperanza. Una vez que sacaron a Tom del pulmón de acero y comenzó la alimentación por sonda, le dieron mi leche suplementada con leche de soja. ¡Qué alegría cuando trasladaron a Tom a la sala infantil y volvió a mamar! No estaba segura de volver a poder darle el pecho. Él mamaba con determinación y yo daba gracias por no haber dejado de extraer leche.»

MADRES CON NECESIDADES ESPECIALES

Si tienes alguna discapacidad o bien caes enferma, puedes necesitar algún tipo de ayuda para continuar la lactancia. En ocasiones, quienes cuiden de ti pensarán que la lactancia no hace sino poner aún más a prueba tu cuerpo, pese a lo cual es posible que quieras seguir dando el pecho. Si tienes que dejar de dar el pecho y las personas que te cuidan muestran un poco de sensibilidad, te será más fácil aceptarlo. En muchos casos, incluso estando en tratamiento, puede continuarse con la lactancia al pecho.

Sylvia fue sometida a una operación en el cerebro, por un aneurisma que le había provocado la pérdida de ciertas funciones neurológicas y el control del lado derecho del cuerpo: *«Me costaba usar el brazo derecho y caminar, aunque la situación mejoraba un tanto cuando llevaba un estimulador electrónico. Tenía un hijo de dos años y una hija pequeña. La lactancia de mi hijo había sido una experiencia maravillosa y por ello quería darle el pecho a la niña. Las ventajas de la lactancia natural aumentaban en mi caso, porque eliminaba las dificultades del manejo del biberón.*

Claro está, presumía que los problemas serían mayores con la lactancia de mi hija que con la de mi hijo, pero pude arreglármelas. Por ejemplo, conseguí coger a la niña en brazos para que mamara, apoyándome en almohadones. Compré una almohada en forma de V, ideal para un apoyo seguro. Como había dado el pecho antes de perder el uso del lado derecho, me di cuenta de que la mayoría de los problemas que tenía eran los mismos a los que se enfrentaba cualquier madre, tuviera o no una discapacidad.»

Al hijo de Helen le diagnosticaron alergia a la leche artificial, pero además tenía un problema médico. Darle el pecho, o alimentarlo por cualquier otro medio, fue cada vez más difícil y, entonces, Helen descubrió que también ella estaba enferma: *«Comencé de repente a perder peso (sin estar a dieta) y al final me mandaron a un especialista. Me diagnosticaron enfermedad celíaca, relacionada a menudo con la alergia al gluten (aunque no es realmente una alergia). Los celíacos no absorben bien las vitaminas y los minerales; de ahí que, entre que el bebé era pequeño y que mis recursos eran limitados,*

RESEÑA INFORMATIVA

ParentAbility

La NCT tiene en Gran Bretaña una asociación de padres con discapacidades,
llamada ParentAbility, que proporciona
ayuda mutua durante el embarazo y la
crianza de los hijos. La NCT también cuenta a nivel nacional con un «Registro de
situaciones especiales», donde aparecen
los nombres de padres que han pasado por
situaciones especiales y que están dispuestos a ayudar a otros padres en el
mismo caso. Para mayor información, contactar con:

ParentAbility
The National Childbirth Trust
Alexandra House
Oldham Terrace
Acton
London W3 6NH

Tel.: 0181 992 8637

no conseguiera establecer un buen aporte de leche.
En cuanto comencé a seguir una dieta sin gluten,
me sentí mejor, y al fin encontré una razón que
explicara mi fracaso con la lactancia.

En estos momentos estoy perfectamente sana
(y feliz, al ver que mi hijo goza también de buena
salud). Siento no haberle dado a mi hijo un mejor
comienzo, pero al menos estoy contenta de haber
hecho cuanto pude en aquellas circunstancias.
Ahora, sabiendo que soy celíaca y siguiendo una
dieta estricta, podría darle el pecho a otro hijo si
aumentara la familia.»

La aparición de una enfermedad repentina
puede suponer la interrupción de la lactancia
materna. Si el aporte de leche está bien
establecido, la enfermedad no tiene por qué
significar el final de la lactancia. En caso de
que tengas que ingresar en un hospital,
deberías poder llevar al bebé contigo. Norma
descubrió que dar el pecho con frecuencia la
ayudaba a recuperar el aporte de leche:

«Cuando Sarah tenía unos tres meses, sufrí una
terrible infección estomacal que me impidió comer durante varios días seguidos, y no
pude beber ni agua durante un par de días. Cuando vino a verme el médico, me tocó los
pechos y me dijo riendo: "¡Vaya, están vacíos! Se acabó dar el pecho." No hice caso de
su advertencia, dejé que Sarah chupara con frecuencia y le daba un poco de agua
hervida con una cuchara para evitar que se deshidratara. Pronto me volvió la leche y
empecé a retener el agua en el estómago.»

La lactancia materna puede tener además otras ventajas prácticas.

Claudette padecía asma crónica: «Por lo que se refiere a mis problemas
respiratorios, el embarazo fue bueno para mi asma (aunque tomaba esteroides por
inhalación y en pastillas), pero ahora ha empeorado otra vez. La lactancia materna ha
protegido a Emma del asma y los eccemas, y a mí también me ha ayudado. Su gran
ventaja es la comodidad, sobre todo por la noche. A menudo me cuesta respirar a esas
horas, cuando le doy el pecho, pero inhalo un poco y vuelvo a dárselo. Me resultó más
fácil con Emma durmiendo conmigo, porque así no tenía que levantarme. El peso del
bebé sobre el pecho es un problema, pero la aguanto sobre un almohadón porque así se

reduce la presión (quise darle el pecho boca abajo, pero no fue posible porque yo no respiraba bien). A veces tengo pezones dolorosos y, cuando toso, Emma se ve obligada a soltar el pecho de golpe, pero esto no parece importarle y el dolor no dura mucho. Darle un biberón por la noche sería problemático, porque tendría que levantarme y prepararlo. Otra ventaja de dar el pecho es que la hormona prolactina, que se produce al amamantar, contribuye a relajar, lo cual es una ventaja porque los asmáticos necesitan menos oxígeno estando relajados y, al contrario, la tensión dificulta la respiración. Además no hay que ir por ahí con todos los trastos; el biberón, el agua estéril, los polvos, etc., y cuanto menos peso llevo mejor, ya que acarrear algo significa respirar con dificultad.»

En ocasiones se necesita tiempo y habilidad para encontrar la mejor solución a una dificultad práctica.

Libby sufrió una parálisis general durante casi once años. Durante ese tiempo tuvo dos hijos y les dio el pecho a los dos. La parálisis general afecta a los músculos y al cerebro. Los síntomas principales son cansancio, dolores y debilidad muscular, problemas de memoria y sensación de frío: *«Con el primer hijo me costó sentirme cómoda, el bebé me resultaba pesado, requería mucho esfuerzo y las tomas nocturnas me dejaban helada. Con el segundo hijo la cosa fue mejor en todos los sentidos, aunque el segundo embarazo empeoró la parálisis. Sin embargo, ya sabía dar el pecho y encontré la solución al problema. Me echaba en la cama con el bebé sobre mi cuerpo (con el primero, me sentaba con él en brazos). Así solventé los problemas musculares y de peso. Dormía con el niño (al primero lo tuve en otra habitación) y el uno al otro nos dábamos calor.»*

Una parálisis cerebral inutilizó la mano derecha de Isla: *«No podía mover los dedos de la mano, y era un problema dar el pecho. Probé con la niña varias posturas, ayudada con almohadones, hasta que encontramos una que nos fue bien a las dos. Se trataba de un pequeño problema, pero en aquel momento me pareció grave y me sentí sola, porque las enfermeras del hospital no me comprendían o no tenían tiempo para ayudarme. Quería encontrar una solución con rapidez y no al cabo de semanas. Cuando tuve a la segunda, el primero tenía casi dos años, así que entonces sí que tenía las manos realmente ocupadas. Con un poco de imaginación, hay respuesta para todo.»*

Gillian tuvo que guardar cama durante seis semanas, a causa de un problema en la espalda, cuando su hijo Francis tenía sólo dos semanas: *«En el hospital y en casa, le daba el pecho echada, pero luego, con dos hernias de disco, la cosa se complicó. Dar el pecho consistía en tumbarme de lado, mientras sostenía a Francis con una mano para que tomara el pecho, y con la otra un disco absorbente en el sujetador de crianza (estos sostenes sujetan el pecho que no se está dando cuando su dueña está en posición vertical, pero no cuando está echada de lado). Cuando terminaba con un pecho, tenía que realizar unas cuantas maniobras para darnos la vuelta, organizar la ropa alrededor, y comenzar otra vez las contorsiones en el otro lado. A pesar de todo, valió la pena: en aquella época no podía hacer nada más, y como era la mejor forma de aprovechar mi maternidad, estaba decidida a ello.»*

En estos casos, es vital contar con ayuda en las tareas del hogar o en el cuidado de otros niños, para descansar y mantener el aporte de leche. Así, se entiende lo que le sucedió a Cheryl: *«El problema era que estaba tan cansada, que no podía mantenerme al nivel de las exigencias y tampoco podía descansar para mejorar la situación. Tenía un hijo mayor del que cuidar. No tenía fuerzas para seguir dando el pecho con tanta frecuencia, ya que no me dejaba tiempo para descansar o dormir.»*

Los beneficios psicológicos de la lactancia materna también son importantes. Janie explica por qué la considera importante: *«Debido a mi discapacidad (tengo esclerosis múltiple y utilizaba una silla de ruedas para salir), quería hacer las cosas mejor que nadie y que la gente no pensara que era una inútil. Dar el pecho me ayudó, porque la gente se dio cuenta de que el niño crecía gracias a mí.»*

Si sufres depresión posparto, quizá descubras, al igual que les ocurrió a estas madres, que la lactancia es la mejor forma de recuperar la confianza en ti misma, cuando la sensación de incapacidad te invade.

«A pesar de sufrir depresión posparto tras el nacimiento de mi primer hijo, me consoló mucho darle el pecho. No es que mi habilidad como madre fuera extraordinaria pero, al menos, podía realizar bien uno de los aspectos de mi maternidad.»

«El síntoma principal era un cansancio extremo. Se me hacía imposible levantarme y vestirme, y luego hacer las tareas de la casa o las compras. Seguramente no habría conseguido preparar biberones. Permanecer en cama y darle el pecho a Sara era lo único que podía hacer.»

Amamantar después de una operación de pecho

Si has sido sometida a una operación en un pecho, antes de tener niños te preguntarás, al igual que Morag, si podrás dar el pecho: *«Cuando tenía 19 años me extirparon un tumor benigno del pecho derecho. En aquel momento, lo único que me asustaba es que fuera maligno. Sin embargo, a lo 26 años estaba esperando mi primer hijo, y como el deseo de darle el pecho era muy fuerte comencé a preguntarme si tendría algún problema como consecuencia de la operación, ya que la cicatriz era inflexible.*

Ruth nació y mamó bien de ambos pechos hasta los cinco o seis meses, y al empezar a comer purés dejó de mamar del pecho derecho, supongo que porque sólo le daba una toma y, como dormía mucho rato, el aporte de leche estaba disminuyendo. Continué dándole el pecho izquierdo hasta que tuvo once meses.

Libby, nuestra segunda hija, dejó de mamar del pecho derecho a las dos semanas. Recordando el consejo de que "los mellizos pueden alimentarse de un solo pecho", seguí amamantándola hasta los once meses sólo con el izquierdo.»

La capacidad de dar el pecho dependerá en gran medida del tipo de operación a la que te hayas sometido y del tiempo que haga de ello. Como nos describe Morag, no es probable que la extirpación de un tumor de mama impida la producción de leche. Aunque su pecho no parecía producir mucha leche, no siempre es el caso. El cirujano es la mejor persona para hablarte sobre la posibilidad de lactar con éxito. Infórmate si hubo que cortar alguno de los conductos de la leche. La sensibilidad en los pezones facilitará la lactancia, porque significa que los nervios no han sufrido muchos daños. Aunque no produzcas toda la leche que el bebé necesita, de todas formas vale la pena dar el pecho. Puedes hablar de tus sentimientos con una consejera de lactancia.

Si te has sometido a una operación de cirugía estética –de aumento o reducción– también es probable que puedas dar el pecho. Una vez más, depende de los daños que haya sufrido la estructura de los conductos durante la operación. Las bolsas de silicona, insertadas tras el tejido glandular para aumentar el tamaño de los pechos, no suelen interferir con la lactancia, aunque al principio te sientas incómoda cuando suba la leche. Las operaciones de reducción pueden ser más problemáticas si se ha recolocado el pezón, lo cual suele implicar el corte de los conductos. En ocasiones, los conductos de la leche se vuelven a unir por sí solos, pero no hay forma de predecirlo. Una vez más, el cirujano será quien mejor pueda aconsejarte sobre las posibilidades que tienes.

En todo caso, si sólo te has operado un pecho, podrás darle el otro con éxito.

Las virtudes de la lactancia materna son especialmente indicadas para madres y bebés con necesidades especiales. En el caso de los bebés, tomar el pecho les procura consuelo y beneficios para su salud. Para ti, tiene ventajas prácticas y mejora la confianza en ti misma, por la satisfacción que proporciona la lactancia con éxito. Tanto el bebé como tú necesitaréis la máxima ayuda y apoyo posibles para establecer la lactancia con éxito, teniendo siempre en cuenta las circunstancias y las necesidades individuales.

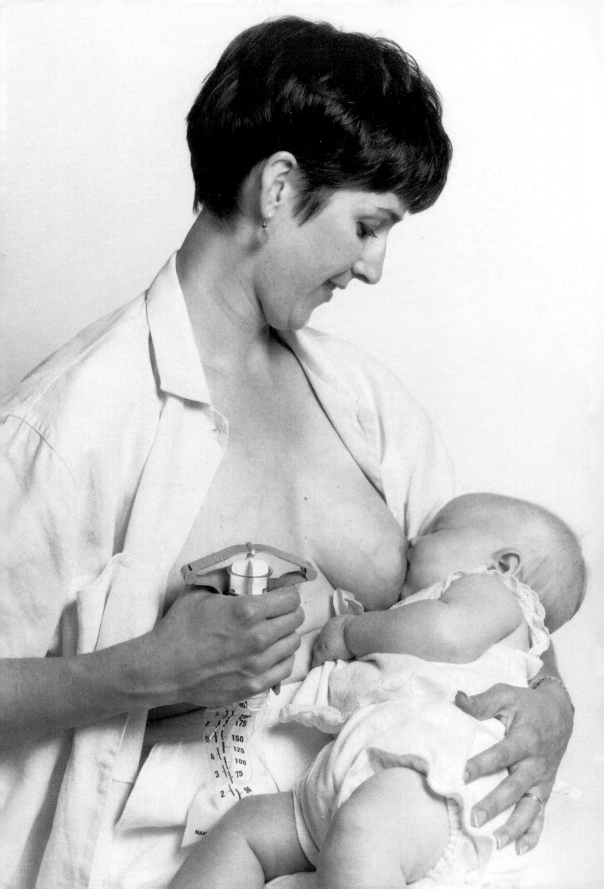

Capítulo 11

Lactancia y vuelta al trabajo

Es habitual que las mujeres vuelvan al trabajo fuera de casa unos cuantos meses después del nacimiento de sus hijos, ya sea porque hay una necesidad económica, cierta preocupación por el progreso en el mismo si se ha dejado mucho tiempo o, sencillamente, porque gusta. Las mujeres que no viven sólo de la baja por maternidad no suelen volver al trabajo tan pronto. Sin embargo, son muchas las madres que se reincorporan cuando se termina la baja por maternidad, o antes, según las circunstancias.

Existen pocos datos recientes sobre el efecto de la vuelta al trabajo en la lactancia materna. ¿Impide la temprana reincorporación al trabajo que las madres comiencen a dar el pecho o influye en el tiempo que prolongan la lactancia al pecho? En un estudio, realizado en 1990, se descubrió que las madres primerizas que trabajan suelen ser más propensas a criar al pecho a sus hijos en comparación con las que no trabajan. No se hallaron pruebas de que la vuelta al trabajo acortara de forma significativa el tiempo que la madre amamanta a sus hijos. Todavía está por ver si esto sigue siendo cierto cuando aumente el número de madres con bebés que vuelven a trabajar.

Natalie se las arregló en el trabajo para estar con su hijo el mayor tiempo posible: *«Cogí la baja por maternidad más larga que pude (pagada y sin pagar) y llegué a un acuerdo con el jefe para tomarme los días de vacaciones, a una media de dos días y medio por semana. Ello me permitió siete meses de vacaciones y tres meses más a tiempo parcial, antes de volver a trabajar la jornada completa. Gracias a esta baja por maternidad tan larga, pude dar el pecho a Esther y continuar luego, con una toma por la mañana y otra por la noche, mientras lo pidiera.»*

En el caso de Mandy, que volvió al trabajo mucho antes, la elección fue más difícil: *«Me sentía inclinada a darle el biberón, porque ya sabía que volvería a trabajar cuando el niño tuviera ocho semanas. Le di exclusivamente el pecho hasta que volví a trabajar, y comencé bruscamente a darle biberones con leche artificial cuando me iba al trabajo. Me sorprendió lo mucho que me afectó el cambio.»*

LA REINCORPORACIÓN AL TRABAJO

La vuelta al trabajo puede generar sentimientos muy distintos. Si has tenido la posibilidad de elegir la duración de tu baja por maternidad, quizás quieras ya volver a trabajar, aunque la pena por dejar al bebé sea grande o, tal vez, te sientas enfadada, triste o culpable por tener que reincorporarte al trabajo.

Cuando llegó el día en que Peggy tuvo que volver a trabajar, se sintió con ganas: *«Por supuesto, echaba de menos a mi hija, pero sabía que estaba en buenas manos. Sigo dándole una toma por la mañana temprano y otra por la noche; estos momentos son ciertamente importantes para mí. Pero las dos nos beneficiamos de estar separadas. Recibe el estímulo de estar con otras personas, que disponen de tiempo y energía para ella. Yo tengo la oportunidad de entregarme a un trabajo satisfactorio y volver con ganas de pasar juntas el final del día.»*

Tras cuatro meses de baja, Lois no se sentía dispuesta a volver al trabajo, pero dijo que trabajaría a tiempo parcial: *«Le daba el pecho cada tres horas, más o menos, porque Tessa no quería tomar biberones. Yo quería seguir con la lactancia al pecho, pero no encontraba la manera de combinarlo con las exigencias del trabajo. Todavía no me había adaptado a la maternidad y necesitaba estar con ella. Mi jefe no lo entendía y veía mi indecisión como falta de entrega. Dejé el trabajo porque sentía que la madre "perfecta" tiene que estar siempre con sus hijos. En parte, estaba contenta de haber dejado la presión del trabajo, pero por otra parte no. El resentimiento por quedarme en casa me ponía nerviosa y la niña lo notaba.»*

Brenda se dio cuenta de que la vuelta al trabajo alteraba la relación con su hijo: *«Como era yo quien me ocupaba de alimentarlo y nutrirlo, sentía que la responsabilidad era muy grande y separarme de él resultaba doloroso. En el aspecto económico no teníamos elección, y de antemano no sabía cómo me sentiría cuando naciera el bebé. Me parecía que la vuelta al trabajo perjudicaba nuestra relación y me afectaba mucho. También me hacía sentir culpable, lo cual me determinó aún más a criarlo al pecho. Al menos hacía algo por mi hijo.»*

Continuar dando el pecho es una forma de mantener los vínculos con el bebé. Así lo hicieron Danielle y Barbara: *«Cuando me reincorporé al trabajo, me di* cuenta de que la lactancia era una manera de relacionarnos que no quería romper. Le daba el pecho hasta el último minuto antes de irme a trabajar y extraía leche durante el día.»

«Además de sentir que estaba dando a mi hija el mejor comienzo posible, darle el pecho ha creado una relación especial entre nosotras, lo cual es muy importante para

una madre que va al trabajo temprano. Ello ha determinado que nuestra relación siga siendo especial. Después de todo, comparto con ella algo que no comparto con nadie más. No digo con esto que las madres que no crían al pecho a sus hijos no sientan otras cosas especiales, pero, en mi caso, quería experimentar esa sensación.»

Paula no tenía ganas de volver al trabajo, y le preocupaba la reacción de la niña ante los biberones y la niñera: «*Me dio confianza la provisión de leche materna, que llenaba el congelador. Pienso que era la mejor forma de controlar la angustia que sentía por dejarla: extraer leche era por lo menos algo positivo que podía hacer, en medio de una situación que no controlaba del todo.»*

OPCIONES EN CUANTO A LA LACTANCIA

Si estás criando a un hijo al pecho, son varias las opciones que tienes al volver al trabajo. La elección dependerá de las circunstancias y los sentimientos individuales. Quizás decidas darle sólo leche materna, o una combinación de leche materna y leche artificial u otras fórmulas. Tal vez optes por destetarlo. Te será útil hablar de ello con una consejera de lactancia o con otras madres que trabajen y que hayan dado el pecho, para que te ayuden a elegir lo que más te convenga.

Si decides alimentarle sólo con leche materna, tendrás que extraer leche para dársela cuando estés fuera, y le darás el pecho cuando vuelvas a casa. Si trabajas en casa, o puedes ir a verle durante el día, también podrás darle el pecho entonces. Puede ser que estés decidida a seguir con la lactancia o dispuesta a dejarla si surgen dificultades.

Mavis temía la vuelta al trabajo; había logrado que la lactancia funcionara bien, y al ver crecer a su hija Rosalyn no quería dejarlo: «*Decidí darle leche materna con ayuda de la niñera. Después de consultar a la auxiliar sanitaria (que me ayudó mucho), leer algunas revistas, etc., compré un sacaleches manual y me puse a ello. Los resultados fueron descorazonadores, pero poco a poco conseguí extraer una buena cantidad (de 170 a 225 gramos) y descubrir los mejores momentos para la extracción.*

Me alegra decir que desde hace cuatro semanas he vuelto al trabajo (a tiempo parcial), y la experiencia es buena. Tengo el congelador lleno de leche materna de reserva (suficiente para dos semanas), lo cual me ayuda a relajarme cuando no llego a extraer la cantidad que necesita diariamente. Cada día voy con Rosalyn a casa de la niñera, llevando una bolsa con leche materna congelada.

Mi jefe me deja tiempo para extraer leche dos veces al día y la guardo en la nevera (por ahora, nadie se la ha echado al café). Aunque extraer leche requiere determinación y una buena organización, en mi caso ha valido la pena y continuaré mientras pueda y sea conveniente.»

Jacqui siguió dando el pecho, después de volver a trabajar a tiempo parcial, porque le gustaba hacerlo, el bebé mamaba sin problemas y no quería romper ese vínculo: *«En ambas ocasiones, las criaturas tenían ya diez u once meses cuando volví al trabajo, por lo que tuve suficiente tiempo para almacenar leche en casa. En el momento en que el aporte de leche se asentó, ya no tenía necesidad de extraer leche durante el trabajo, aunque mis pechos estaban repletos al final de la jornada laboral. Como sólo trabajaba dos días a la semana, continué dando el pecho a la hora de la comida durante los días libres, sin ningún problema con la producción de leche.»*

Cuando Natalie volvió a trabajar, una guardería se encargó de su hija Esther, a jornada completa: *«Durante las dos primeras semanas de trabajo volvía a la hora de comer, así todavía amamantaba a Esther al mediodía. Era poco práctico, pero no me importaba hacerlo mientras nos acostumbrábamos las dos a la idea de cambiar la rutina de forma gradual. El personal de la guardería me apoyó mucho y nunca me sentí incómoda cuando me senté a darle el pecho.»*

Si decides darle una combinación de leche materna y artificial, dale el pecho cuando estés en casa y leche artificial mientras estés trabajando. Tal vez tengas problemas para extraer la leche o prefieras no hacerlo. Una vez la lactancia ha quedado establecida, tanto tus pechos como el bebé se pueden adaptar a una combinación de leche materna y artificial. Quizás tengas problemas porque los pechos rezumen leche o porque estén muy llenos, mientras se adaptan a las nuevas demandas. En ese caso, extraer un poco de leche en el trabajo te ayudará a aliviar el malestar. Hacer presión sobre los pezones ayuda a evitar el rezumado, y puede hacerse con discreción cruzando los brazos sobre el pecho. Lleva una camiseta o blusa de recambio al trabajo por si surge una emergencia.

Kelly descubrió una combinación eficaz de leche materna y biberones: *«Cuando volví a trabajar (la primera vez mi hijo tenía siete meses y, la segunda vez, el segundo tenía cinco), en ambos casos seguí dando el pecho en exclusiva en los días libres; aunque al principio resultó un poco incómodo, tanto mi cuerpo como los bebés se adaptaron rápidamente al pecho durante los días libres, por la mañana y por la noche, y un biberón de leche artificial en mi ausencia.»*

FICHA DE LACTANCIA

Lo hay que tener en cuenta al extraer leche para el bebé antes de volver al trabajo

- La situación de cada uno en el trabajo es distinta. Es mejor aclarar las condiciones específicas con una consejera de lactancia y con tu jefe.

- Es importante elegir un sacaleches adecuado. Si es posible, prueba las distintas opciones antes de volver a trabajar.

- Algunos boletines informativos de asociaciones de lactancia materna incluyen una sección de «ventas y anuncios clasificados». Es posible que ofrezcan sacaleches de segunda mano.

- Acostumbra al bebé a tomar biberones (o tazas) antes de la fecha de vuelta al trabajo. Es mejor que se lo dé otra persona, porque el bebé espera que lo amamantes y quizás no acepte de ti otra cosa que el pecho.

- Comprueba que la persona que queda al cuidado del bebé sepa guardar y descongelar la leche materna que has dejado para él.

- Si es posible, haz un día la prueba de salir de casa antes de incorporarte al trabajo. Así descubrirás dificultades imprevistas y tendrás tiempo de hacer los reajustes de acuerdo con lo que pasa.

Otra alternativa es destetar al bebé al volver al trabajo, cuando te parece que ya es el momento de terminar de dar el pecho, o si no te es posible alternar el trabajo con la lactancia materna.

Hazel decidió dejar de dar el pecho al volver al trabajo: *«Tuve la suerte de tener una larga baja por maternidad, las vacaciones y otra baja por estudios, aunque no es que estudiara mucho. Al término de lo cual, me pareció bien dejar la lactancia.»*

El trabajo, que implicaba estar muchas horas lejos del bebé, no dejó opción a Naomi: *«Seguí dándole el pecho hasta que tuvo 17 meses y entonces lo dejé, porque cambié de trabajo y viajaba mucho a Londres. La irregularidad de los trenes y la necesidad de asistir a las reuniones vespertinas no me garantizaban llegar a casa para la toma de la noche, y decidí que la niña siguiera una rutina de sueño que no exigiera mi presencia.»*

Si quieres dar el pecho a toda costa, tal vez decidas dejar el trabajo porque te parezca que la lactancia y el trabajo no son compatibles.

El bebé de Danielle la llevó a decidirse: *«El bebé sólo aceptaba los biberones de leche materna si se los daba mi marido y no la niñera. Se debilitó mucho por negarse a comer cuando yo no estaba, a pesar de que en aquella época hacía una dieta mixta. Dejé el trabajo a las pocas semanas.»*

El jefe de Jackie le dejó bien claro su cometido: «*Volví a trabajar como cocinera cuando el bebé tenía seis semanas. Quería seguir dándole el pecho en exclusiva pero mi jefe no estaba dispuesto a colaborar. No me concedió descanso para darle el pecho y, cuando extraía la leche en el trabajo, me decía que trastornaba al resto de la plantilla y que no lo debía hacer. Como el trabajo era temporal, no tenía ningún derecho; así que lo dejé.*»

LA EXTRACCIÓN DE LECHE

Tal vez tengas planeado extraer leche en casa y/o en el trabajo, para cubrir del todo o en parte las necesidades del bebé. Puede ser que necesites extraerte leche en el trabajo para aliviar los pechos o para mantener el aporte. Lo más importante suele ser mantener el aporte de leche materna, sobre todo si trabajas todo el día y cuentas con poca o ninguna ayuda. Al igual que dar el pecho, extraer leche requiere práctica. A menudo, es mejor empezar a extraer leche antes de reincorporarse a la vida laboral, para adquirir experiencia y establecer el método. Te permitirá hacer una reserva de leche congelada para uso posterior.

Wendy ha desarrollado la siguiente rutina en el trabajo: «*En casa empleo un sacaleches, pero en el trabajo extraigo la leche manualmente, porque así es más fácil esterilizarla. Uso jabón y toalla propios. Extraigo la leche y la pongo en un recipiente esterilizado, luego la trasvaso a un biberón esterilizado y la guardo en una nevera portátil con hielo, que sólo abro para poner el biberón.*»

Melanie es una profesora que trabaja a jornada completa. No tuvo problemas para extraer leche en el trabajo: «*Me solía costar menos de 30 segundos provocar el reflejo de subida de la leche con el aparato y, al final, la niñera y yo tuvimos que empezar a desechar parte de las reservas de leche congelada. Por eso, cuando le tocó el turno a mi segundo hijo, no preparé grandes reservas de leche. Fue una desagradable sorpresa descubrir, durante la primera semana de trabajo, que sólo conseguía entre 100 y 120 mililitros en cada extracción, mientras que el niño necesitaba dos tomas de 200 mililitros. Volví a darle el pecho a media noche, y me dediqué a extraer leche tres veces al día (a la hora de comer, a las cuatro y a las seis), y luego descansaba. Cinco semanas después, el aporte cubría casi las necesidades del bebé.*»

El factor más importante al extraer leche, sea cual fuere el medio que elijas, es asegurarte de que se produce el reflejo de subida de la leche, lo que permite

SACALECHES

- Los sacaleches extraen la leche del pecho mediante un movimiento de succión, generado manualmente o con energía eléctrica. La fuerza de succión de la mayoría de los sacaleches es regulable.

- Hay distintos modelos de sacaleches; no a todas las mujeres les va bien el mismo modelo.

- Algunos sacaleches son más fáciles de montar y limpiar que otros. Es útil hablar con alguien con experiencia para conocer estos aspectos.

- Si compras un sacaleches y, después de haberlo intentado, no funciona bien, devuélvelo.

- Algunos sacaleches vienen con un disco de plástico suave y flexible, que se ajusta a la parte rígida del embudo, y se coloca sobre el área del pezón. El disco se adapta al pecho y, al ponerse en marcha el sacaleches, reproduce el movimiento de un bebé succionando. Así la estimulación del pecho y la extracción de leche son mayores. Los discos flexibles también se venden por separado.

Sacaleches manuales

- Un sacaleches manual sencillo será suficiente si no lo vas a usar continuamente. Además son fáciles de esterilizar.

- La mayoría de los sacaleches manuales funcionan mediante la presión ejercida por una palanca o por el movimiento de vaivén de un émbolo.

- Los sacaleches con palanca están diseñados para usar con una mano; algunas mujeres dan el pecho al bebé mientras extraen la leche del otro.

- Todos los sacaleches manuales son pequeños, portátiles y no hacen ruido, y son adecuados para extraer leche en el trabajo.

- Algunas mujeres se quejan de que con el uso frecuente se desgastan los componentes plásticos de los sacaleches manuales.

- Evita los sacaleches manuales «de pera», que consisten en una pera de goma unida a un embudo de plástico que se adapta al pecho y que incluyen o no un recipiente. Es difícil conseguir el movimiento de succión apretando la pera, y el sacaleches no se esteriliza como debiera.

recoger la leche posterior rica en grasas y no sólo la leche inicial acumulada en los conductos. Melanie lo descubrió por sí misma: «*Me parecía, aunque no fuera una experta, que los 50 mililitros obtenidos después de media hora de esfuerzo sin que me subiera la leche sólo podían ser leche inicial, porque, cuando la metía en la nevera, no subía la nata como ocurre después de una sesión satisfactoria.*

Hay quien sugiere que mires una foto del bebé, te concentres en su cabecita y te imagines la leche fluyendo en su boca. En mi caso lo que mejor funciona es enfrascarme en la lectura del periódico, hacer un crucigrama o hablar con mi marido después del trabajo, ya que, cuando no pienso en ello, la leche sube por sí sola.»

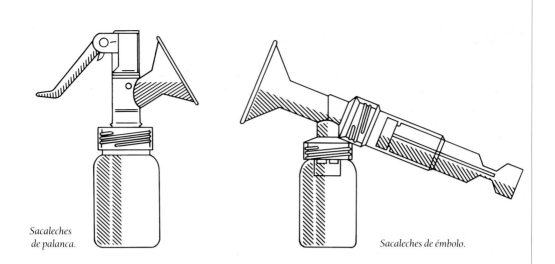

Sacaleches
de palanca.

Sacaleches de émbolo.

En ocasiones, Rita tiene que estimular la subida de la leche: «*Si tengo los pechos llenos, no hay problema al extraerla, pero si surge alguna dificultad amamanto al bebé con el otro pecho. Es algo difícil coger al bebé y extraer leche al mismo tiempo, pero puede hacerse. Ponerme bajo la ducha también me estimula la subida de la leche.*»

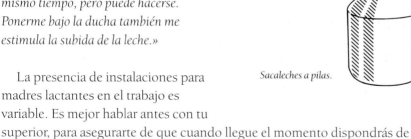

Sacaleches a pilas.

La presencia de instalaciones para madres lactantes en el trabajo es variable. Es mejor hablar antes con tu superior, para asegurarte de que cuando llegue el momento dispondrás de algún lugar donde puedas extraer leche tranquilamente.

Jinny tuvo mucha suerte con su patrón: «*Por muchas razones decidí seguir dando el pecho al volver al trabajo. Quería seguir dándole esa parte de mí, a pesar de no poder estar con él. Como estaba en contacto con otros niños y expuesto a gérmenes, los anticuerpos que le proporcionaba mi leche ayudarían a su sistema inmunitario. También lo hacía porque así me recordaba a mí misma y a los demás que, aunque hubiera vuelto al trabajo, por encima de todo seguía siendo madre.*

Fue una época maravillosa. Aunque trabajaba en una profesión prácticamente reservada a hombres –como ingeniera en un yacimiento petrolífero–, tanto mis compañeros como mis superiores me mostraron un gran apoyo. Contaba con un

SACALECHES

Sacaleches eléctricos

- Los sacaleches eléctricos funcionan con pilas o enchufados a la corriente, y algunos de ambas formas.

- Los modelos varían desde los sacaleches a pilas de poco tamaño y peso, que se sostienen con una mano, hasta los modelos eléctricos más grandes –pesan unos 2,5 kg– y que se ponen sobre una mesa.

- Los precios pueden variar mucho, desde un saca-leches pequeño a pilas hasta un sacaleches eléc-trico grande, sin contar los gastos de envío.

- La fuerza de succión varía según el tamaño, por lo que los sacaleches pequeños a pilas no extraen la leche mejor que uno manual, si bien resultan menos cansados.

- Las pilas se gastan muy rápidamente si se usan con regularidad, y vale la pena invertir en pilas recargables o un alimentador.

- Los sacaleches eléctricos grandes ofrecen la posibilidad de extraer leche de ambos pechos a la vez –extracción dual– lo cual es más rápi-do y suele aumentar la cantidad de leche extraída.

- Los sacaleches eléctricos hacen algo de ruido.

- Los sacaleches eléctricos grandes se pueden alquilar. Contacta con alguna asociación pro-motora de la lactancia materna para obtener más información.

sacaleches dual eléctrico muy bueno, y tenía descansos de 15 minutos por la mañana y por la tarde, durante los cuales extraía fácilmente entre 500 y 600 gramos de leche.

Disponía de un despacho, aunque no se podía cerrar, y contaba con el congelador de la cafetería. Los compañeros me tomaban el pelo pero con buena intención, sobre todo por el volumen de mis pechos antes de "ordeñarlos", como me decían; no me sentía ofendida. Parecían haber adoptado a mi hijo como mascota del departamento. Durante los descansos me relajaba, me concentraba en Josh y dejaba cualquier tensión de lado para dedicarme a hacer algo que era muy importante.»

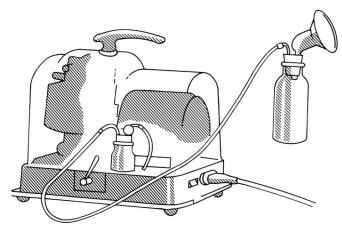

Sacaleches eléctrico.

Carla tuvo una experiencia distinta, pero también positiva: «*Le dije al director que quería contar con algún sitio donde extraer la leche. Me facilitaron la enfermería. Extraigo leche dos veces diarias. No empleo la nevera del trabajo, porque pudiera desagradar a los compañeros encontrar la leche allí. Si tienes todo el día la leche a tu lado, te aseguras de no dejártela por la tarde. La guardo en una bolsa térmica debajo de la mesa.*»

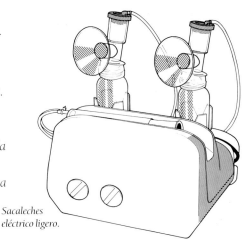

Sacaleches eléctrico ligero.

INTRODUCCIÓN DE TAZAS O BIBERONES

Muchos bebés se adaptan bien a las tomas de leche extraída, leche artificial u otros líquidos mediante biberón o taza, sin que ello impida que sigan mamando cuando están en casa. Las tazas suelen ser una buena alternativa al biberón, en el caso de los bebés que confunden las distintas acciones de succión que requieren pecho y biberón. Algunos bebés criados al pecho son reacios a tomar biberones y hay que perseverar para conseguirlo. Sirve en estos casos probar con tetinas diferentes, o bien calentarlas. Otra persona que no seas tú, ya que el bebé te asocia con la lactancia al pecho, puede tener más éxito con el biberón.

Unas seis semanas antes de volver al trabajo, cuando el bebé tenía unos seis meses, Natalie comenzó a reducir el número de tomas con el pecho para que el niño se acostumbrara a que lo amamantaran menos veces al día: «*Probé a reemplazar las tomas con zumo de fruta diluido, agua, leche artificial, leche de vaca y leche materna extraída, todo ello en tazas diferentes y en biberones con distintas tetinas. De nada sirvió porque no quiso el biberón y tampoco sabía beber de una taza. Cuando llegamos a las tres tomas diarias, me negué a seguir reduciéndolas porque me parecía que no comía lo suficiente. El personal de la guardería me informó de que sólo tomaba unos pocos tragos de líquido y no los 225 gramos que corresponden a los bebés de su edad. Temía que se deshidratara o sufriera estreñimiento, o que comenzara a despertarse por las noches reclamando comer. Me preocupaba que tomara tan poco líquido.*»

Charlotte, la hija de Paula, sólo tomaba leche materna si era del pecho de su madre: «*Una vez me reincorporé al trabajo, quedó claro que Charlotte no iba a beber*

RESEÑA INFORMATIVA

EXTRACCIÓN MANUAL DE LECHE

Ventajas

- No se necesita un equipo especial, basta con un recipiente de boca ancha y tener las manos limpias.

- La extracción manual reproduce la acción que desarrolla el bebé al succionar de forma más parecida que un sacaleches, y es mejor para mantener el aporte de leche.

- La extracción manual es más suave que con un sacaleches.

Desventajas

- Suele durar más tiempo extraer la leche a mano que con un sacaleches.

- Se cansan las manos.

Cómo extraer leche a mano

- Haz una copa con la mano en torno a la parte inferior del pecho, con el dedo índice a lo largo de la línea en que convergen la areola (el área oscura que rodea el pezón) y el pecho. Coloca el pulgar en la parte superior del pecho, en torno a esa misma línea.

- La leche se almacena en los reservorios situados aproximadamente debajo de esta línea. Tienes que apretarlos con suavidad para extraer la leche. La mano tiene que apretar ligeramente hacia dentro mientras se mueve hacia el pezón, o de vuelta sobre el pecho para estimular otra vez los reservorios; ves probando hasta que aciertes con el movimiento óptimo.

- Aprieta suavemente, con todos los dedos a la vez, hacia dentro y hacia fuera alternativamente. Este movimiento combinado ayuda a que la leche se desplace por los conductos hasta el pezón y salga al exterior.

- Relaja la presión y repite el movimiento.

- La leche tarda un minuto o dos en fluir, así que no desesperes si no llega al momento.

- Masajea todo el pecho, circularmente, para estimular todos los conductos de la leche. Puede alternarse el uso de una y otra mano en el mismo pecho.

- Si se te cansan las manos, cambia de lado y vuelve más tarde al mismo pecho.

- A veces es más fácil cogerle el tranquillo a la extracción manual si te enseñan a hacerlo. La comadrona, la auxiliar sanitaria o la consejera de lactancia pueden ayudarte.

- La mejor forma de aprender es observar a otra mujer que sepa hacerlo; pregúntale a la consejera de lactancia si conoce a alguien que pueda enseñarte.

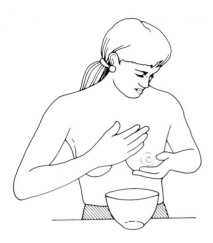

Masajear todo el pecho, desde el tórax hacia el área del pezón, ayuda a que la leche fluya.

Coge el pecho, por debajo: el dedo índice a lo largo de la línea en que se encuentran la areola y el pecho. El pulgar sobre esa misma línea pero en la parte superior.

Aprieta con suavidad todos los dedos a la vez, con un movimiento de vaivén hacia el tórax.

FICHA DE LACTANCIA

CONSEJOS PARA EXTRAER LECHE

• La extracción de leche es más fácil y productiva cuando se tiene práctica, así que no te preocupes si al principio sólo obtienes un poco.

• La forma más indicada varía de una mujer a otra. Habrá momentos en que tendrás los pechos llenos, quizás por la mañana temprano. Una vez te reincorpores al trabajo, debes programar un horario de extracción, en los momentos de descanso o del café.

• Cuando estés aprendiendo la técnica, intenta escoger momentos en que no estés acelerada o en que no te vayan a interrumpir.

• Lo más propicio es un lugar cálido, acogedor y con una silla cómoda.

• Un ambiente relajado ayuda a que la leche fluya, así que piensa en cosas que te relajen: cierto tipo de música, etc., o haz ejercicios previos de relajación.

• Masajear todo el pecho, desde el tórax hasta el área del pezón ayuda a estimular el flujo de leche.

• El calor también estimula el flujo de leche, así que puedes intentarlo después de un baño o una ducha calientes, o también poniéndote un paño caliente o una bolsa de agua caliente sobre el pecho.

• Piensa en el bebé y en el flujo de leche. A veces, una foto o una grabación con la voz del niño ayudan.

• Los masajes en la espalda contribuyen a que fluya la leche. Si alguien puede dártelos, debe hacerlo poniéndose detrás de ti, con un puño a cada lado de la columna y al nivel de los pechos. Debe frotar con los puños, hacia arriba y hacia abajo, con suavidad y firmeza.

• A algunas madres les ayuda concentrarse en otras cosas para que la leche fluya, por ejemplo, un programa de televisión, un libro o una buena conversación.

• Extrae leche de un pecho mientras el bebé mama del otro, o extrae leche justo después de una toma.

Cuánta leche hay que extraer

• Es difícil saber cuánta leche necesitará el bebé cuando estés fuera.

• Una regla empírica para saber, aproximadamente, cuánta leche beben los bebés criados con biberón es dar 78 gramos de leche por cada 500 gramos de peso del bebé en un período de 24 horas. Así, por ejemplo, un bebé que pese 4,5 kilogramos tomará unos 700 gramos en 24 horas. Es un baremo aproximado, porque los bebés pueden tomar más o menos leche, y su consumo no se distribuye equitativamente a lo largo del día.

• Cuando lleves trabajando de nuevo una semana o dos, sabrás mejor la cantidad de leche que el bebé necesita. Aun así, contar con alguna reserva extra en el congelador es aconsejable para prevenir el caso de que el bebé aumente el consumo inesperadamente.

FICHA DE LACTANCIA

CÓMO GUARDAR LA LECHE MATERNA

- Siempre que puedas, emplea leche materna fresca en vez de congelada, ya que la congelación conlleva algún efecto sobre los nutrientes y las propiedades inmunitarias de la leche.

- La leche extraída se puede guardar en la nevera durante veinticuatro horas o en un congelador potente hasta tres meses. Quizás leas en otros sitios que el tiempo de almacenaje es mayor; pues bien, nosotras seguimos las recomendaciones más rigurosas.

- Conserva la leche en la parte más fría de la nevera, por lo general al fondo. Vale la pena comprar un termómetro para la nevera. La leche materna debe estar a 4 ºC o menos.

- Después de extraer la leche, enfríala rápidamente en un recipiente con agua fría y guárdala en la nevera, o en una bolsa térmica con hielo si no tienes acceso a una nevera en el trabajo. Este mismo recipiente puede emplearse para llevar la leche fresca o congelada a la persona que haga de canguro del bebé.

- Para congelar la leche, enfríala primero rápidamente y luego congélala en bolsas de plástico estériles o en recipientes de plástico con tapa; etiquétala y pon la fecha. También sirven las cubiteras de plástico con tapa; luego metes estos cubitos en otro recipiente y los guardas en el congelador.

- Recuerda que no debes llenar mucho los recipientes, porque el volumen del líquido aumenta al congelarse.

- Es útil guardar la leche congelada en pequeñas cantidades, para que no tengas que descongelar y malgastar más leche de la que necesita el bebé.

- La leche extraída, fresca, puede mezclarse con leche congelada o enfriada previamente, si bien antes hay que enfriarla por separado; sin embargo, no añadas más de la mitad de leche descongelada cada vez.

- Descongela la leche materna con la mayor rapidez posible, poniendo el recipiente debajo de un chorro de agua sucesivamente fría, templada y caliente, o bien poniéndolo directamente en agua caliente. Emplea el mismo método para calentar la leche extraída o emplea un calentador de biberones.

- No emplees el microondas para descongelar o calentar la leche, porque puede sobrecalentarse o calentarse no uniformemente y destruir algunos de los nutrientes.

- La leche descongelada –sin haber sido calentada– puede guardarse en la nevera durante unas 24 horas, pero si se ha calentado y no se ha empleado hay que desecharla.

- Si se separa la nata de la leche en la nevera, agita bien el recipiente antes de usarla.

leche materna de un biberón o una taza ni tampoco con cuchara. En vez de esto, mezclamos la leche con arroz adaptado. La mezcla de arroz se amplió más tarde con purés de fruta y verduras.»

El bebé de Rita no tuvo inconveniente en beber leche materna con biberón: *«Empecé a extraer leche con bastante antelación, y uno o dos días a la semana mi marido dormía aparte con el bebé y le daba un biberón. Así, yo lograba conciliar el sueño durante seis o siete horas seguidas y el bebé tomaba el biberón con la frecuencia necesaria para acostumbrarse, sin romper la rutina de las tomas al pecho.»*

LA NECESIDAD DE CONTAR CON AYUDA

En un plano ideal, todas las madres trabajadoras deberían tener un período más largo de baja por maternidad y la opción de volver al trabajo a tiempo parcial o con horario flexible. Las madres lactantes deberían tener derecho a dar el pecho o extraer leche durante las horas de trabajo, así como a disponer de suficientes guarderías, en el trabajo o en los alrededores, y de instalaciones cómodas en el lugar de trabajo que les permitieran extraer leche con cierta intimidad. En la actualidad, algunas madres consiguen acuerdos razonables en el trabajo y cuentan con la ayuda de los patronos, la familia y las amigas.

El marido de Wendy le prestó toda su ayuda: *«En conjunto, la cosa ha ido bien, incluso mejor que si mi marido hubiera ido a trabajar y yo me hubiera quedado en casa, porque es menos agotador ir a trabajar que cuidar del bebé y de la casa. El hecho de que mi marido me ayudara tanto e hiciera todo el trabajo de la casa facilitó mucho las cosas. Además, dormíamos con el bebé en la cama, lo cual era bueno para él, bueno para mí, porque necesitaba estar con él, y bueno por permitirme gozar de un sueño reparador. A pesar de trabajar la jornada completa, puedo estar con mi hijo 16 horas diarias.»*

Tessa volvió a trabajar la jornada completa, como enfermera por turnos, cuando el bebé tenía cinco meses: *«El bebé comía a las cinco y media de la madrugada; yo me iba a trabajar a las seis habiendo dejado leche materna en la guardería. Mi marido estaba estudiando el último curso en la universidad. Él llevaba a Owen a la guardería por la mañana y yo lo recogía a las cuatro y media de la tarde cuando terminaba el trabajo. Cuando el turno de trabajo me obligaba a quedarme hasta las nueve y media, yo llevaba a Owen a la guardería y mi marido lo recogía después de las clases. Cuando lo recogía yo a las cuatro y media, le daba el pecho antes de ir a casa, porque vivimos en un pueblo a 48 kilómetros de la guardería y el niño tenía hambre. Al llegar a casa, durante el resto de la tarde y por la noche le daba el pecho cuando lo reclamaba. Mientras mamaba de un pecho, extraía leche del otro y la guardaba en la nevera o en el congelador.*

El bebé se despertaba cada dos horas por la noche para mamar, y se pasaba las tardes en casa mamando, todo ello después de un día de trabajo, de compras, etc. Mi marido no podía ayudarme con las compras ni en la casa, porque estaba preparando los exámenes finales. Pero yo estaba decidida a conseguirlo; y eso que cuando le daba de mamar por la noche no era cuestión de unos pocos minutos y otra vez a dormir, sino que me obligaba a levantarme y también extraía leche del otro pecho, la congelaba y esterilizaba el equipo para la próxima vez. Luego, volvía de nuevo a la cama.

Quería a toda costa darle el pecho a mi hijo, para que tuviera el mejor comienzo en la vida, y estaba decidida a seguir cuando volví al trabajo. Comía muy bien y en ese sentido no fue un problema. Me encantaba amamantarlo y, aunque fue duro en aquel momento, fue una victoria personal que pudiera seguir alimentándose con leche materna mientras yo trabajaba a jornada completa.»

Compaginar el trabajo con la lactancia materna puede ser agotador, sobre todo para las madres que trabajan todo el día y cuyos bebés se alimentan exclusivamente del pecho. Facilita mucho las cosas contar con personas que estén o hayan estado en la misma situación, para que te ayuden en las tareas prácticas, con patronos que colaboren y, sobre todo, con personas que crean que dicho esfuerzo vale la pena.

Capítulo 12

Finalización de la lactancia

El final de la lactancia concluye una relación muy especial entre la madre y el bebé. Quizás acabes casi tan pronto como has comenzado, porque han surgido demasiadas dificultades o porque decides que la lactancia materna no es lo tuyo, o bien, en el caso de que le hayas dado el pecho durante muchos meses, cuando has llegado a un punto en que el bebé o tú ya estáis preparados para dejarlo. No importa lo que haya durado, no hay duda de que habrá creado un vínculo único entre vosotros. La experiencia de la lactancia materna también comporta otras recompensas. No es sorprendente que experimentes sentimientos contrapuestos cuando le des término y comience un nuevo período en la vida de tu hijo, como les sucedió a estas madres:

«Siempre recordaré con gran placer la época en que fui madre lactante. Por suerte tuve pocos problemas, aunque me costase mucho destetarlo. Los libros dicen que se reduce una toma por semana y se sustituye por otros alimentos o bebidas; luego se elimina otra toma hasta llegar a destetar al bebé; sin embargo, mi hija no estaba interesada por otra cosa que no fuera la leche materna. Al final lo conseguimos, pero no fue fácil.»

«Una parte de mí echa de menos la estrecha relación que nos aportaba la lactancia y su capacidad de consuelo instantáneo.»

«Dos días después de la última toma, yo no hacía más que llorar. Una amiga me aseguró que "la pena por el destete" era una experiencia habitual, y no significaba que dejar de amamantar fuera algo malo. Ojalá lo hubiera sabido de antemano, porque no entendía lo que me pasaba y me asustaba que pudiera ser el comienzo de una depresión posparto que llegaba con retraso. Al día siguiente, ya me encontré bien.»

El sentimiento de culpabilidad puede ser mayor si el bebé opta por dejar de mamar antes de lo que habías pensado. Gemma disfrutaba dando el pecho a Beth y recuerda vívidamente la primera vez que se negó a mamar, en torno a los cinco o seis meses: *«Fue a la hora de comer y me sentí rechazada y triste, porque mi hija estaba empezando a independizarse.»*

El primer bebé de Joanna rechazó el pecho cuando tenía unos nueve meses: *«Desde el punto de vista emocional resultó traumático, porque yo sólo había oído de la decisión de la madre de dejar de dar el pecho cuando el bebé deseaba continuar. También fue un problema porque había sido muy reacio a comer alimentos sólidos y seguía dándole unas cuatro o cinco tomas largas al día.»*

En cambio, a veces es una alegría finalizar la lactancia, porque ya le has dado el pecho el tiempo deseado y quieres pasar a otro tipo de relación con el bebé.

El bebé de Jane tiene ahora nueve meses: «*Durante las últimas tres semanas, más o menos, he reducido el número de tomas hasta llegar a una sola a la hora de dormir, a las siete de la tarde. Estoy contenta de haberlo logrado y ahora quiero dejar de amamantarlo, lo cual me sorprende. Pensaba que me mostraría reacia a dejar de dar el pecho a nuestro último hijo.*»

En ocasiones es un alivio dejar de dar el pecho, sobre todo si la experiencia no ha sido positiva.

La auxiliar sanitaria de Kate le aconsejó que dejara de dar el pecho y comenzara a darle leche artificial: «*Bueno, no todo fue a pedir de boca desde aquel momento, pero las cosas mejoraron. El bebé ya no se dedicaba a mamar continuamente, y yo conseguía dormir unas cuantas horas en vez de unos minutos. Si hubiera seguido con la lucha por dar el pecho, a mi hija y a mí nos habría costado desarrollar –suponiendo que hubiéramos llegado a tenerla– la fantástica relación que tenemos.*»

¿QUIÉN DECIDE PARAR?

El mejor momento para iniciar el destete depende de tu disposición y de las circunstancias individuales. A veces es el bebé quien dirige el destete, pues pierde interés de forma gradual por el pecho a medida que crece y le distraen o interesan otras cosas.

Gill descubrió que el destete era un proceso completamente natural: «*Al cabo de cinco meses, noté que se interesaba cada vez más por el mundo exterior y dejaba el pecho a la más ligera distracción, por lo que lo amamantaba a horas tranquilas (por la mañana, por la tarde y por la noche si era necesario), pero le daba el biberón cuando las distracciones prevalecían. A los siete meses comenzó a perder interés y dejó la toma de la tarde y, a los ocho meses, ya no quería seguir mamando. Me alegró que fuera él quien escogiera el momento de dejarlo, e incluso podría haberlo hecho antes si le hubiera planteado la alternativa del biberón.*»

La hija de Anna esperó algo más, antes de manifestar su disposición con claridad: «*Cuando tenía 14 meses, se sentaba en mi regazo a la hora de dormir y me decía: "teta". Satisfacía aquel deseo tan directo y ella se quedaba tranquila. A la noche siguiente le ofrecí un pecho algo repleto y su última toma fue un poco obligada. Estábamos saboreando el final de la experiencia.»*

Puedes ser tú quien decida el momento de comenzar el destete, sea porque le has dado el pecho cuanto has querido, sea por otras razones, como la reincorporación al trabajo o porque quieras volver a quedar embarazada. En ocasiones, los comentarios de amigos y parientes pueden influir en tu decisión.

Esta influencia puede ser positiva, como en el caso de Jean: *«Comencé a destetar a Roberta cuando tenía cuatro meses. Una amiga estaba dándole el pecho a su segundo hijo, de la misma edad que Roberta, y el hecho de que todavía disfrutara mamando a los seis meses me hizo desechar comentarios contrarios como "¿todavía le das el pecho?"»*

La influencia de la familia de Anne-Marie no fue tan positiva: *«Mi madre y mi hermana creían que yo era una fanática de la lactancia materna y que, por ello, estaba*

alargando el tormento para el bebé y para mí. Mi madre me amamantó seis semanas y,
como no tuvo leche suficiente, no entendía por qué me oponía a darle leche artificial. Mi
hermana había empezado a dar biberones complementarios a sus dos hijos hasta sustituir
el pecho. La presión era sutil, no creo que se dieran cuenta de cómo me molestaba, pero
recibí su "mensaje" bien claro.»

Vale la pena compartir con tu pareja los sentimientos que se generan al
terminar la lactancia materna. Kirsty y su marido veían la relación de la lactancia
materna de forma diferente: *«Mi marido –Sandy– y yo tomamos la decisión de dejar*
de dar el pecho durante las vacaciones de verano, cuando Jim cumplía 17 meses. Sandy
consideraba que había que interrumpir el hábito de Jim. Pero aquello venía
constituyendo una relación entre nosotros dos que era íntima y satisfactoria. Por tanto,
cuando dejé de darle el pecho me resentí física y emocionalmente, al igual que Jim. Pero
Sandy, con cada toma que dejaba de darle, creía estar un poco más cerca del objetivo.
Tener de la lactancia un concepto distinto del de mi marido y no hablar de ello con

franqueza y a tiempo hicieron que el final fuera más traumático de lo que podría haber sido.»

Angela destetó a su hija Carol por consejo del médico: *«No quería dejar de darle el pecho, pero sufría una depresión muy grande, y el médico me recomendó que la destetara por el bien de mi salud, a lo cual accedí a mi pesar. No recuerdo que el destete la alterara como había imaginado, pero decidí darle el biberón por las tardes, porque siempre había sido un bebé "chupador" aunque nunca se hubiera chupado el dedo, y me parecía un poco brusco privarle repentinamente de un hábito que tanto consuelo le daba.»*

Algunos bebés se sienten igual de bien cuando se sustituye el pecho por otras bebidas o alimentos, o no ponen objeciones cuando se empieza a destetarlos.

Ruth comenzó a destetar a Lily de forma gradual cuando tenía cinco meses. Empezó a comer alimentos sólidos muy bien. A medida que fue comiendo más, redujo poco a poco las tomas: *«Primero reduje un minuto cada día la toma de las mañanas. Una vez quedó eliminada la toma matinal, empecé a reducir la de la noche. Aunque mi decisión era dejar de darle el pecho por completo, echaba de menos la intimidad y el calor que sentía amamantándola. Durante unas semanas fue como si Lily ya no me necesitara. No le afectó en absoluto que dejara de darle el pecho. Sin embargo, me alegro de que fuera un proceso gradual y no traumático.»*

Algunos bebés son reacios a que los desteten. En ocasiones, los bebés mayores o crecidos se convierten en lactantes ávidos y convencidos; en ese caso, tu pareja y tú tendréis que planear una estrategia para que el niño acepte el término de la lactancia. Se requieren sustitutos del consuelo y la seguridad que el niño obtiene del pecho, al igual que de la leche materna en sí.

Christine y su marido consiguieron que su hijo modificara sus hábitos: *«Cuando por fin decidí que había llegado el momento de destetarlo, él no pensaba ni mucho menos lo mismo. Estaba en un período en que comía y bebía muchas otras cosas, pero el pecho seguía siendo importante y continuaba con las tomas de la mañana, de la siesta y de la hora de acostarse. Mi marido lo acostó durante una semana mientras yo me hacía invisible, con lo cual eliminamos la toma de las noches. Con la toma de la siesta, empecé a acostarlo en el cochecito en vez de sentarme con él en el sofá como hacía antes. Lo más difícil fue la toma de las mañanas, porque solía dársela a las cinco y media de la madrugada lo que nos brindaba a todos un poco más de sueño. Como me costaba mucho dejar de levantarme para darle el pecho, la toma se prolongó hasta que volví a quedar embarazada, momento en el cual comenzamos a*

acostar a Chris más tarde para que se levantara también más tarde, y yo pudiera levantarme y prepararle el desayuno en vez de darle el pecho en la cama.»

En el caso de Polly la toma de la noche fue la más complicada: *«A medida que John crecía, le convencimos de que tomara zumos durante el día, pero no conseguía meterlo en cama sin mamar, pues seguía quedándose dormido al pecho. Yo necesitaba darle la toma de la mañana para eliminar la leche producida durante la noche. Cuando cumplió los 16 meses, le daba sólo dos tomas diarias, desde hacía meses, pero no conseguía reducir su número. Nick siempre bañaba a John; entre los dos lo secábamos y vestíamos, y yo le daba el pecho antes de acostarlo. Decidimos que durante la semana siguiente, me escondería a la hora del baño y Nick sería quien lo acostara. Nos llevó una semana conseguirlo. Pero costó más tiempo que el aporte de leche remitiera por completo y tuve que tomar analgésicos durante tres días. Nunca escuché a la gente que decía que John no podía estar tomando leche a esa edad y que sólo chupaba para consolarse.»*

INTERRUPCIÓN DEBIDA A PROBLEMAS

En la actualidad, muchas mujeres que dejan de dar el pecho no lo hacen porque se sientan preparadas para destetar al bebé, sino porque tienen problemas con la lactancia que no resultan fáciles de resolver. Por desgracia, en el caso de algunas mujeres, el dolor (tanto físico como emocional) asociado con la lactancia materna es demasiado grande y deciden, sometidas muchas veces a sentimientos contrarios, añadir tomas con leche artificial a la lactancia natural. La introducción de leche artificial en estas circunstancias puede suponer el término definitivo de la lactancia al pecho, como descubrieron estas mujeres:

«Al terminar la segunda semana, el pezón agrietado no se había curado y sangraba cuando le daba el pecho o usaba el sacaleches. Habría perseverado pero el bebé se mostraba intranquilo y, por supuesto, tenía mucha hambre. Fue un momento crucial, en el que tomé la decisión de darle un biberón. Se volvió un bebé distinto, satisfecho y mucho más feliz. Estaba muy decepcionada por lo que consideraba un fracaso personal, pero me daba cuenta de que el bebé estaba más contento si le daba biberones adicionales. Aumenté gradualmente el número de biberones y reduje las tomas, hasta que dejé de darle el pecho cuando tenía seis semanas.»

«Después de una noche sin dormir, en la que el bebé había intentado tomar el pecho durante unas cinco horas, mi marido decidió que el niño se criara con biberones. Yo no podría haber tomado esa decisión, porque me habría sentido culpable. El bebé tenía diez días y aún no había conseguido mamar bien ni una sola vez. Pasó a la leche artificial con avidez y no ha vuelto a echar de menos la mía. Seguí extrayendo leche, pero al cabo de tres semanas se me retiró y me sentí muy decepcionada.»

Si has dejado de dar el pecho debido a las dificultades surgidas, tal vez no hayas podido librarte de ciertos sentimientos muy fuertes de decepción, fracaso, culpabilidad, rabia o tristeza.

El final de la lactancia materna fue un momento muy emotivo para Celia: *«Después de cuatro semanas y media me di por vencida y me pasé a los biberones, deprimida y sintiéndome una madre fracasada. Estaba muy triste y nadie parecía poder darme un consejo que sirviera para algo durante esas primeras semanas tan difíciles. Mi sensación de fracaso fue grande y sigo sintiéndome culpable de haber abandonado cuando otras madres salieron adelante. Envidiaba a las madres lactantes. Además, pensaba que si hubiera contado con apoyo y hubiera estado con otras madres lactantes, habría tenido un estímulo para continuar.»*

Aunque el destete le parecía a Debbie lo más racional, no estaba tan segura de sus emociones: «*El biberón me daba independencia y tiempo para pensar en otras cosas. Hasta ese momento había dejado al bebé sólo para ir al lavabo. La vida se volvió más fácil, salvo por la preparación de la leche artificial, pero sigo sintiéndome culpable y fracasada por ello. Al nacer, la niña no despertaba amor alguno en mí. Estaba muy preocupada porque no tuviera nada mal. Más tarde, me sentí enferma con tanta responsabilidad. Dándole el pecho conseguí establecer el vínculo con mi hija y empecé a quererla. Ahora que no puedo alimentarla por mí misma y veo sus manos cogidas al biberón me entristezco deseando que estuvieran agarradas a mí.*»

La decisión que tuvo que tomar Connie se adelantó debido a una enfermedad, lo cual no lo hizo menos duro para ella: «*Por desgracia, a los cuatro meses tuve un virus estomacal e ingresé en el hospital con deshidratación. Entonces decidí dejar de dar el pecho; estaba agotada. Estuve extrayendo leche durante unos pocos días hasta que tomé la decisión. De esta forma alivié el dolor y se redujo el rezumado de mis pechos repletos. Fue un momento muy triste. No sólo echaba de menos a mi hijo, sino que me sentía fracasada. Nuestras familias vivían al otro lado del país y, por tanto, no había nadie que me ayudara a ver las cosas con perspectiva.*»

Parece como si estas mujeres consideraran un fracaso su incapacidad para la lactancia materna: algo de lo que al menos en parte eran responsables. Son los sentimientos habituales. Tienes que aceptarlos y esperar que la próxima vez puedas «hacerlo mejor». Tal vez te sientas culpable. Si optas por dar el pecho y no lo consigues, entonces sí que ha habido un fracaso, pero ¿significa eso que has fallado? Por supuesto que no.

Necesitarás ayuda y apoyo para lograrlo. Si no cuentas con ayuda o la ayuda es inexperta y no consigues salir adelante con la lactancia al pecho, ¿tienen la culpa el sistema y la falta de ayuda? Estas mujeres así lo creen.

El principal sentimiento de Shirley fue de rabia, porque la ayuda que recibió fue inadecuada: «*Después de hablar con otras madres, sé que mi problema no era tan raro y que con un asesoramiento correcto lo habría superado. Antes del parto todo el mundo daba mucha importancia a la lactancia materna, pero cuando llegó el momento nadie parecía saber cómo funcionaba. Me preguntaba si habrían recibido alguna formación sobre lactancia.*»

Sandra siente amargura por no haber contado con la ayuda que necesitaba cuando quiso dar el pecho a sus primeros dos hijos: «*Me parece que la mayoría de los profesionales sanitarios que he conocido eran demasiado propensos a recomendar el biberón en cuanto surgía el más mínimo problema, en vez de darme un apoyo real que me permitiera la lactancia al pecho. Dicho de otro modo, todo el asesoramiento se centra en que renuncies al pecho y no sigas con esos intentos fútiles por conseguirlo; para lo cual recurren a tópicos como: "hoy, la leche artificial es tan buena que cuando tenga un año no notarás si tomó el pecho o el biberón". En aquel momento me lo creí, pero como sé que hubiera podido dar el pecho me siento estafada.»*

Amanda pensó que el segundo se tenía que criar con biberón porque no había podido amamantar a su primera hija; sin embargo: *«A medida que pasó el tiempo, empecé a saber más cosas sobre la lactancia y me escandalicé al descubrir que mi incapacidad de dar el pecho se debía al hospital. Mi mayor error fue creer que el personal del hospital se preocupaba lo suficiente por la lactancia al pecho como para proporcionarme la información y el apoyo que necesitaba.»*

FICHA DE LACTANCIA

EL DESTETE

Cuándo destetar a un bebé

- No hay una edad o período más adecuados para empezar el destete o finalizar la lactancia. La decisión depende de la disposición y las circunstancias de cada caso individual.

- Si puedes, trata de evitar el inicio del destete en momentos en que pueda redundar negativamente en ti o en el bebé, por ejemplo, cuando vuelvas al trabajo o cuando al bebé le estén saliendo los dientes.

- A veces, sirve de ayuda hablar de tus planes para el destete y de lo que sientes con una auxiliar sanitaria o con la consejera de lactancia.

¿Con qué sustituir la leche materna?

- Eso depende de la edad y las preferencias del bebé. La leche es un alimento nutritivo importante durante los dos primeros años de vida del bebé.

- Si terminas la lactancia materna antes de que el bebé tenga un año, seguramente necesitará leche artificial. La leche de vaca no es recomendable a menos que el bebé tenga un año de edad, si bien la leche entera de vaca es adecuada para cocinar o mezclada con cereales.

- Si el bebé come alimentos sólidos y sigues dándole el pecho, puedes satisfacer su sed con agua hervida fría o con zumo de fruta diluido.

- Muchos expertos consideran que las «leches de continuación», recomendadas para bebés de seis o más meses, no suponen una ventaja real respecto a otros tipos de leche artificial, y son más caras.

El inicio del destete

- Si en algún momento del día el bebé se muestra menos interesado por tomar el pecho, elimina primero esa toma, quizás a la hora del almuerzo, cuando el niño puede comer otras cosas.

- Evita eliminar primero una toma que sea muy importante para él, como la de antes de dormir.

- Si el bebé es reacio a tomar leche artificial cuando se la ofreces en biberón, quizás otra persona tenga más éxito, ya que el bebé asocia a la madre con el pecho. También puedes probar con tetinas diferentes o ablandar la tetina con agua hirviendo.

- A menos que quieras destetar al bebé rápidamente, es mejor dejar pasar varios días o semanas para la paulatina eliminación de las tomas. Esto permitirá que ambos os adaptéis a los cambios.

FICHA DE LACTANCIA

Cómo sustituir los beneficios emocionales de la lactancia

• Tendrás que ayudar al bebé a hallar sustitutos al consuelo, seguridad e intimidad que obtiene del pecho. Hay varias cosas que te pueden ayudar:

– Un juguete blando, un trozo de tela o una manta que pueda abrazar.

– Mecerlo en los brazos con más frecuencia y tenerlo abrazado más tiempo, tanto tú como otras personas que lo quieren.

– A la hora de ir a dormir, cántale una nana o cuéntale un cuento en vez de darle el pecho.

¿Biberones o tazas?

• La elección de un biberón, vaso o taza depende de la edad del bebé y de sus preferencias.

• Si lo estás destetando por completo o sólo tiene unos cuantos meses de edad, necesitará el consuelo y la cotidianidad de la succión de un biberón.

• Si ya es mayor y lo has destetado parcialmente, preferirá tomar otras bebidas con taza o vaso.

• Algunos bebés aprenden a beber de tazas o vasos pequeños a los tres o cuatro meses, lo cual es útil si rechazan el biberón.

Bebés que no quieren dejar de tomar el pecho

• Algunos bebés optan ellos mismos por dejar de mamar, pero otros son muy reacios a hacerlo, sobre todo los bebés mayores que toman el pecho con frecuencia.

• Tienes que preparar estrategias para que el bebé deje de mamar con un mínimo sufrimiento.

• En lo posible, trata de empezar en una época en que haya muchas distracciones, por ejemplo en verano, cuando el bebé puede jugar al aire libre, o cuando tu marido u otra persona puedan hacerse cargo de él.

• Piensa en los momentos en que el bebé prefiere tomar el pecho y altera dicho horario, para neutralizar las horas y las situaciones en que lo amamantas. Por ejemplo, en lugar de sentaros en el sofá para darle el pecho antes de la siesta, llévatelo con el cochecito a dar una vuelta.

• Si resulta complicado reducir el número de tomas, empieza reduciendo su duración.

• Por la mañana, levántate temprano y dale un desayuno en vez del pecho, si es que tú o tu marido tenéis suficiente fuerza de voluntad.

FICHA DE LACTANCIA

- Por la noche, que lo acueste tu marido u otra persona muy relacionada con el bebé, mientras permaneces fuera de su vista.

- La toma más difícil de eliminar suele ser la de la noche, especialmente cuando no hay otras distracciones y es hora de acostarse. Que sea tu marido u otra persona que el bebé conozca quien acueste a tu hijo, dándole el consuelo necesario.

- Algunas madres salen por la noche o durante el fin de semana cuando ponen término a la toma de la noche. Dejar que el bebé llore, pero acudir para consolarlo, es una estrategia desagradable, pero es la única opción cuando lo demás fracasa.

El destete y tú

- Si es posible, lo mejor es un destete gradual, es decir, ir eliminando una toma cada pocos días o semanas. Esto permite que tu cuerpo se ajuste al cambio y produzca menos leche, y reduce la posibilidad de que los pechos se congestionen.

- El destete gradual permite una reducción más lenta del nivel de la hormona prolactina que se produce durante la lactancia. Un descenso repentino del nivel de prolactina puede provocar depresiones.

- Cuando los pechos están muy llenos y duros, en cualquier estadio del destete, es porque produces más leche de la que el bebé necesita, en esos casos es recomendable:

  - Darse una ducha o baño calientes, o ponerse paños calientes sobre los pechos para estimular el rezumado de un poco de leche de los pechos.

  - Extraer leche, para aliviar la sensación de plenitud en los pechos, hasta que empieces a producir menos.

  - Masajear suavemente los pechos en dirección a los pezones para que no se formen bultos.

  - Emplear compresas frías u hojas de berza dentro del sujetador permite aliviar el dolor y reducir la hinchazón.

  - Tomar analgésicos (nunca aspirinas).

  - Recurrir a cualquiera de las sugerencias del capítulo cuarto para aliviar la sensación de plenitud de los pechos.

Dónde obtener ayuda para el destete

- En las asociaciones o grupos que apoyan la lactancia materna (ver página 221).

- Puedes recurrir a otras madres que hayan dado el pecho y destetado a sus hijos.

No haber conseguido criar a un hijo al pecho puede dar mucha pena. En un caso así, te ayudará contactar con una consejera de lactancia y hablar a fondo sobre lo ocurrido. Es importante recordar que, tanto si la experiencia ha sido corta como larga, le diste al bebé el mejor comienzo de su vida.

EL FUTURO

Aceptada la necesidad de dispensar un mejor servicio a las madres lactantes, en Gran Bretaña se han puesto en marcha varias iniciativas gubernamentales para mejorar la asistencia a las madres lactantes y la formación general sobre el valor de la lactancia materna. La formación de los profesionales sanitarios, la adaptación y preparación de los programas locales de lactancia, el aumento de la conciencia pública sobre la lactancia materna, la investigación y la difusión de información sobre la crianza al pecho para las madres, todas estas iniciativas están en marcha actualmente. La lactancia materna parece tener un futuro esperanzador. Para terminar, escuchemos el testimonio de estas tres mujeres:

«He disfrutado mucho dando el pecho a mis dos hijas, y quisiera transmitir a las madres esta sensación de placer y satisfacción. Para mí no hay mayor vínculo entre madre e hijo, ninguna sensación más placentera que amamantar a un bebé, ser capaz de consolarlo con el pecho y ver que crece más y más cada semana, sabiendo que es obra tuya.»

«Amamantar a mis hijos, desde que eran seres recién nacidos, desvalidos y sin personalidad, hasta ser unas criaturas que mostraban su disfrute y gusto por una leche dulce y deliciosa que consideraban un derecho propio, fue una experiencia fantástica.»

«Mi experiencia al dar el pecho ha sido una de las más gratificantes de mi vida. Haber dado a mis tres hijos el mejor comienzo posible y haber disfrutado con ello es el no va más de la maternidad.»

Dónde obtener ayuda

La Liga de la Leche
Andalucía .... Tel.: 952323905
Castellón .... Tel.: 964533842
Cataluña .... Tel.: 908231742, 908265024
Madrid .... Tel.: 916639946, 917349134, 913282900
País Vasco .... Tel.: 944230136, 944270353, 943286359

ABAM
(Associació Balear d'Alletament Matern)
Tel.: 971791398

ACPAM
(Associació Catalana Pro Alletament Matern)
C/ Benet Mercadé 9-11, baixos
08012 Barcelona
Tel.: 932170522

Grupo de madres pro lactancia materna
Pamplona
Tel.: 948243510

Vía Láctea
Casa de la mujer
C/ Don Juan de Aragón, 2
50001 Zaragoza
Tel.: 976 - 349920 / 322803 / 341329 / 753656